융이 들려주는
콤플렉스 이야기

융이 들려주는

콤플렉스 이야기

ⓒ 오채환, 2008

초판 1쇄 발행일 2008년 4월 30일
초판 12쇄 발행일 2020년 1월 29일

지은이   오채환
그림   지영이
펴낸이   정은영

펴낸곳   (주)자음과모음
출판등록   2001년 11월 28일 제2001-000259호
주소   04047 서울시 마포구 양화로 6길 49
전화   편집부 (02)324-2347 경영지원부 (02)325-6047
팩스   편집부 (02)324-2348 경영지원부 (02)2648-1311
e-mail   jamoteen@jamobook.com

ISBN 978-89-544-0810-3 (64100)

융이 들려주는

콤플렉스 이야기

오채환 지음

|주|자음과모음

책머리에

　사람들은 비현실적인 생각을 흔히 '꿈 같은 이야기'라고 표현합니다. 친구들끼리도 이해할 수 없는 말을 하면 '너 지금 꿈꾸니?'라고 핀잔을 주기도 하지요. 많은 이들은 꿈을 현실과 다른 허황된 세계로 여깁니다. 물론 오래전부터 사람들은 꿈 풀이나 해몽을 해 왔지만, 그것은 단지 흥미를 위해 꿈의 내용을 현실과 적당히 연결시켜 얼버무리는 수준이었습니다. 하지만 여러분이 이 책을 통해서 만나게 될 카를 융은 꿈을 학문 탐구의 중심으로 삼았던 철학자입니다.

　무의식 이론을 처음 발표했던 프로이트와 더불어 융 또한 꿈을 단순한 호기심의 대상으로 보지 않고 학문적 탐구의 대상으로 삼았습니다. 그 계기는 인간의 정신을 새롭게 이해하려는 시도였습니다. 프로이트 이전까지 철학자들은 정신 활동의 결과물로서 자신이 생각한 내용들을 다루었지만, 정신과 의사이자 심리학자인 융은 생각을 하는 정신 자체의 구조와 방식을 연구하였습니다. 그 결과 인간의 정신에는 현실적이고 또렷한 의식 영역뿐만 아니라, 꿈처럼 알기 어렵고 비현실적인 무의식의 영역이 있음을 밝혔습니다. 프로이트가 과학적인 형태 안에서 무의식의 영역을 처음 이야기했다면, 융은 그것을 한층 더 폭넓고 정교하게 연구하였습니다.

인간의 정신은 의식과 무의식으로 이루어집니다. 여기서 의식은 다시 자아와 페르소나로, 무의식은 개인 무의식과 집단 무의식으로 나뉩니다. 이러한 융의 이론 체계는 프로이트의 이론보다 정교합니다. 우리에게 익히 알려진 심리 유형 분류법이나 콤플렉스도 융의 이론을 바탕으로 한 것입니다. 이는 융의 이론 체계가 그만큼 널리 사용되고 있음을 보여줍니다. 융은 텔레파시, 데자뷰 등 특수한 정신 현상은 물론이고 심령 과학이나 종교적 특이 현상까지도 체계적으로 이해할 수 있게 해 주었습니다. 이는 융의 분석 심리학이 철학, 역사, 신화, 종교 등 다양한 분야를 폭넓게 다루고 있기 때문입니다.

대표적인 무의식 현상인 콤플렉스는 누구나 가지고 있습니다. 이는 단순한 열등감이 아니라 마음의 덩어리입니다. 새로운 관점으로 우리의 정신을 알고자 노력한다면 얼마든지 자신의 콤플렉스를 극복할 수 있습니다. 게다가 콤플렉스를 오히려 자기 성장의 밑거름으로 삼을 수도 있습니다. 이 책이 여러분 스스로 자신의 콤플렉스를 발견하고 극복하여 성장해 나아가는 과정에 도움이 되기를 바랍니다.

2008년 4월
오채환

C O N T E N T S

프롤로그

　화창한 봄날의 월요일입니다. 주말에 있었던 일들에 대한 수다를 떠느라 교실은 왁자지껄합니다. 선생님께서 들어오시자 제각기 자리로 돌아가느라 분주해지네요. 오늘의 조회 내용을 들어볼까요?

　"다음 주 토요일에 학예회를 하기로 결정했어요. 어떤 방식으로 진행할지 모두 의견을 내 보세요."

　선생님의 말씀이 끝나자마자 여기저기서 아이들이 손을 들었습니다.

　"저는 학예회 때 장기자랑 발표를 하고 싶은 아이들만 준비해서 보여 줬으면 좋겠습니다. 무엇보다 하고 싶은 사람이 하는 것이 중요하다고 생각합니다."

　선생님께서 칠판에 의견을 적으시자 다른 아이가 손을 들었습니다.

　"저는 반 아이들 모두가 참여하는 것이 더 의미 있다고 생각합니다. 조별로 주제를 정해서 발표하는 것이 좋다고 생각합니다."

　그 외에도 같은 주제를 가지고 조를 나누어 1등을 뽑자는 등 여러 의견이 나왔습니다. 선생님은 그것들을 모두 적은 다음 아이들에게 물었습니다.

"좋아요. 그럼 다수결로 결정할까요?"

과반수가 두 번째 의견에 손을 들었습니다. 그래서 조별로 10분씩 장기자랑을 선보이기로 결정이 되었습니다.

"우린 뭐로 하지?"

같은 조가 된 지현, 종희, 상우, 현식은 학예회 때 무엇을 선보여야 할지 고민입니다.

"합창은 어때?"

지현이 말했습니다.

"10분을 채우려면 두 곡 정도 해야 할 텐데, 무슨 노랠 하지?"

상우가 말하자 현식이가 덧붙이며 난색을 표했습니다.

"맞아. 게다가 난 음치라고. 노래는 딱 질색이야. 아무래도 합창은 무리인 것 같아."

"그럼 뭐가 좋을까?"

다들 머리를 맞대고 고민을 하던 중, 종희가 좋은 생각이 떠오른 듯 손가락을 탁 튕겼습니다.

"아, 우리 오빠가 대학에서 연극영화학과에 다니잖아. 연극이 어때?

오빠네 학교 연극부에 아마 대본도 엄청 많을 거야. 일단 대본이 있으니까 우린 연습만 하면 되잖아. 게다가 10분 정도 분량으로 제일 짧은 걸 골라서 하면 되니까 연습 시간은 충분할 거야. 어때?"

"우와! 그거 좋은데? 그럼 쇠뿔도 단김에 빼랬다고 당장 오늘 시작하는 거 어때?"

"그래. 학교 끝나고 우리 집으로 가자."

수업이 끝난 후, 종희와 지현, 상우와 현식이는 종희의 집으로 향합니다. 그럼 아이들이 연극을 무사히 잘 해낼지, 지켜보기로 할까요?

나의 여러 얼굴들, 자아와 페르소나

 "자아가 연기하는 사회적 역할인 페르소나가 자아와 완전히 같다고
여기는 것은, 의식이 저지르기 쉬운 가장 위험한 실수이다."

– 카를 융

1 내숭과 깡패

조원들은 종희네 집에 모두 모였습니다. 종희는 대학생 친오빠인 종원에게 대본을 받기로 이미 약속을 했습니다. 그래서 네 명의 아이들은 종희 어머니께서 마련해 주신 간식을 놓고 둘러앉아 종원을 기다리며 수다에 한창입니다. 무슨 이야기들을 하는지 잠깐 엿들어 볼까요?

"아유, 우리 반 반장 이보람 정말 싫어. 걔 공주 콤플렉스 있는 거 알지? 정말 지가 공주인 줄 안다니까."

종희가 얼굴을 찌푸리며 말했습니다.

"맞다! 이거 봐 봐."

현식이 뭔가 급히 떠오른 듯 자신의 보물 넘버원인 휴대폰을 꺼내 언제 찍었는지 모를 동영상을 아이들에게 보여줍니다.

"에, 너 보람이 좋아하는 거였어?"

"흥, 누가 그런 얌체 깍쟁이를 좋아하냐?"

"그럼 왜 보람일 찍었어?"

"애 내숭 떠는 걸 좀 보라 이거지. 우와, 진짜 가증스러워."

"어, 내숭?"

그제야 상우는 보람이를 유심하게 관찰해 보았습니다. 새침하기로 소문난 보람이지만 키가 큰 어떤 남학생과 이야기를 나누는 보람이는 귀염성 있고 무척 애교스런 모습입니다. 속눈썹이 팔락거릴 정도로 깜박이며 '어머, 정말요?'를 연발하는 보람에게서 평소의 도도한 모습은 찾아볼 수가 없었습니다.

"와, 진짜 인간이 다르네, 달라."

보람이는 '다음에 또 뵐게요, 오빠' 하면서 고개를 푹 숙였습니다. 그러고 보니 보람이의 뺨에는 보조개가 있었습니다. 워낙 웃는 얼굴을 보기 힘들어서 본 적도 없는 보조개입니다.

"쟤, 선생님들 대할 때하고 정말 다르네."

"맞아. 선생님들한테도 저렇게 애교 떨진 않잖아. 뭐랄까, 공부 잘하는 척, 뭔가 깊이 생각하는 척. 으윽, 정말 역겨워."

"헤, 너 질투하는 거 아냐?"

"질투? 내가?"

현식이가 황당하다는 듯 되묻습니다. 보람이를 좋아해서 그런 건 아닐까 했는데 아닌가 싶어 상우는 뒷머리를 긁적이며 말했습니다.

"여자애들이 원래 내숭이 좀 있지 않냐. 우리 누나도 끝장이야. 남자 친구한테 전화만 왔다 하면 정말 간드러진 목소리의 처녀 귀신이 되거든. 근데 전화 끊자마자 목소리가 한 옥타브는 낮아져. '야, 이 자식아, 안 꺼져?', 뭐 이렇게."

"하기야 늘 같은 사람이 오히려 더 드물 거야, 그렇지?"

현식이가 곰곰이 생각하며 휴대폰을 다시 가방에 집어넣습니다.

"응. 우리도 그래. 서로 얘기할 때랑 부모님하고 얘기할 때랑 다르잖아."

"그래도 보람이처럼 완전히 변하지는 않아."

"필요에 따라서 바뀌는 거겠지. 우리 누나 같은 경우는 남자 친구랑 있을 때 필요한 예쁜 모습이랑 남동생 쫓아낼 때 필요한 엄한 모습이랑, 그때그때 상황에 맞춰서 바꾸는 거고."

"흠."

잠시 조용히 걷기만 하던 현식이 무슨 생각이 난 듯이 갑자기 상우의 어깨를 내리쳤습니다.

"그때그때 상황에 맞게!"

"아얏, 뭐야!"

"그게 정답이야. 내가 자꾸 부모님이나 선생님한테 혼나는 이유가 말이지!"

"어?"

상우가 어깨를 문지르며 현식을 흘겼습니다. 상우는 현식이와 오랜 친구로 잘 지냈긴 하지만, 무슨 생각이 났다 하면 옆에 있는 사람을 탁 때리는 현식이의 버릇에는 아직도 익숙해지지 않았습니다.

"그러니까 그때그때 맞는 가면을 준비해서 다들 쓰는데, 난 그런 게 없다, 이 말이지. 왜 걔 알지, 용진이."

"싸움왕 용진이?"

"싸움왕은 무슨. 걔 골목대장 할 때 보면 아주 자세부터 다르거든. 어깨 쭉 펴고 턱에 힘주고 금방이라도 한 대 때릴 것 같은 기세로 애들을 겁주잖아."

"응, 맞아."

"말도 진짜 깡패처럼 하고. 그러니까 그 '깡패 가면'에 애들이 속아 넘어가는 거야. 그런데 걔가 집에서는 발바리라고 불리면서 얼마나 애교 많은지 모르지?"

"헉, 용진이가 애교가 많아?"

"걔가 사실은 막내아들이에요. 나이 차이 많은 형이 둘이나 있고 시집간 누나도 있어. 난 어릴 때부터 용진일 알았으니까, 걔가 꼬마 애들 앞에서 잘난 체하면 무지하게 웃기거든. 그래서 그런지 싸움왕이다 뭐다 되면서부터 나하고 잘 안 놀더라. 누나하고 형들한테 애교 무지하게 부려서 용돈 받는 거 내가 자주 봤거든."

"하하. 귀여운 '막내 동생' 가면에, '싸움왕' 가면이라. 보람이보다 더한 걸."

"아냐, 그래도 보람이가 더 오싹해."

현식이가 체머리를 흔들며 부르르 떨었습니다. 상우는 내숭과 애교가 정말 심한 자기 누나를 떠올리다가 문득 엄마 이야기를 꺼냈습니다.

"아, 우리 엄마도 그래."

"네 엄마?"

"응. 울 엄마가 학교 선생님이시잖아. 아버지랑 얘기하실 때랑, 할머니랑 얘기하실 때랑, 학교 학부모님이랑 얘기하실 때랑 얼굴 표정이 진짜 달라. '엄마 표정'이 있고, '며느리 표정'이 있고, '선생님 표정'이 있어. 말투도 다르고 사용하는 단어까지 달라."

"에, 단어까지?"

"응. 할머니하고 얘기할 때는 '상우 아범이 글쎄요~' 이렇게 말씀하시거든. 그런데 학부모님 전화 받으면 '현식이 아버님이 그렇게 생각하시는 것 충분히 이해가 갑니다. 그렇지만……' 뭐 그런 식이야."

"내가 하는 말이 그거야. 난 친구들 대할 때나 선생님 대할 때나 별로 다른 게 없거든. '모범생 가면'을 한번 써 봐야겠어. 보람이한테는 뭘 써먹어 볼까?"

"보람이는 왜?"

"히히. 보람이가 어떻게 하나 보려고. 네가 휴대폰으로 찍을 거지?"

"뭐라고 할 건데?"

상우는 슬슬 불안해졌습니다. 뒤끝이 많기로 소문난 보람이한 테 밉보여서 좋을 일은 없다고 생각했기 때문입니다. 아직 학기 초인데 보람이가 반장이거든요. 찍혔다 하면 학기 내내 괴로울 겁니다.

"보람이가 날 대하는 방법이 변하나 볼 거야. 지금까지는 내가 말썽쟁이로서 사람들을 막 대했으니까 앞으로는 '자상한 남학생' 가면을 쓰고 대해 봐야지."

"으으…… 별로 안 좋은 생각인 것 같은데."

"조용히 해."

상우는 히죽거리는 현식을 걱정스러운 얼굴로 바라봅니다. 종희 는 못 말린다는 듯 어깨를 으쓱하곤, 수화기를 들었습니다. 종원 오빠가 너무 늦는다는 생각이 들었기 때문입니다.

2 여동생에게만 약한 오빠

"내가 왜 얼간이 로마인 행세를 하며 내 칼에 죽어야만 되는가?
산 놈들이 눈에 띄는 한, 벌어진 칼자국은 그놈들에게 더 잘 어울
리는데 말이다."

"기다려라, 지옥의 사냥개 같은 놈! 기다리라니까!"

들판 배경 앞으로 맥베스 역할을 맡은 종원이 나타나며 소리를
지르자, 맥더프 역할을 맡은 종원의 친구가 그를 뒤쫓아 무대에
등장했습니다. 종원과 그의 친구들은 다음 달에 상영할 셰익스피

어의 비극, 〈맥베스〉 연습에 한창입니다.

"어떤 놈보다도 네놈은 피해 왔는데. 물러나는 게 좋을 거다. 내 영혼은 네놈 일족들의 피를 너무 많이 마셨다."

"말은 필요 없다. 하고 싶은 말은 이 칼에 다 들어 있으니. 뭐라고 비유할 수도 없는 이 흡혈귀 악마야!"

이윽고 두 사람은 싸우기 시작했습니다. 지금 종원과 종원의 친구는 맥베스와 맥더프입니다.

"쓸데없는 수고다. 그 칼이 제아무리 날카롭더라도, 공기에 상처를 낼 수 없는 것과 같이 내 피를 흘리게는 못할 것이다. 후려칠 테면 벨 수 있는 놈의 머리 위나 노려라. 내 목숨에는 마법이 걸려 있어서, 여자의 배에서 태어난 놈은 결코 당하지 못한다."

"단념해라, 그 따위 마법! 그리고 네놈이 소중하게 받들어 온 그 악마의 앞잡이에게 물어보아라. 이 맥더프는 어머니의 배를 가르고 달이 차기도 전에 태어났다."

그때 요란하게 휴대 전화 벨소리가 울렸습니다. 종원은 불티같은 눈빛으로 소리를 빽 질렀습니다.

"연습 중인데 누구 휴대폰이야?! 전화 안 꺼 놔!"

"종원 형, 형 휴대폰이에요."

"뭐? 내 거라고?"

종원은 무대 한 편에 놓인 자기 휴대 전화를 휙 낚아채어 받았습니다.

"누구야, 나 이 시간에 연습한다고 했잖아!"

"오빠 왜 이렇게 늦어? 다섯 시까지 온다고 해서 기다리고 있는데."

종희의 볼멘소리를 들은 종원은 갑자기 사르르 녹아내리는 아이스크림처럼 말투가 부드러워졌습니다.

"아, 종희니? 미안하다, 종희야. 오빠 연습이 오늘 늦게 끝날 것 같은데. 아무래도 오늘은 좀 힘들 것 같다. 종희야, 잠깐만 끊지 말아. …… 야! 놀고 있을 바에 무대 설치나 다시 좀 하고 있으란 말이야! 누가 되지도 않는 대본 갖고 씨름하래? 그런 건 미리미리 다 외워 오라고 했잖아! 게을러빠져선……. 어, 종희야. 괜찮으면 내일은 어때?"

종희를 제외한 아이들은 전화기 밖으로 질러져 나오는 종원의 고함에 깜짝 놀랐습니다. 그러나 종희는 아무렇지도 않게 오빠에게 계속 볼멘소릴 냈습니다.

"그럼 진작 전화를 해 줬어야지. 친구들하고 지금까지 기다렸잖아!"

"진짜 미안해. 오빠가 나중에 오늘 빚진 것까지 합쳐서 두 배로 도와줄게. 괜찮지?"

"알았어. 맛있는 것도 사 줘야 돼."

"그럼, 그거야 물론이지.'

종희는 구시렁거리며 전화를 끊었습니다. 멍한 표정의 지현과 상우, 현식인 여전히 뒤통수를 얻어맞은 기분이었습니다. 함께 연극을 하는 사람들에게 쓰는 말투와는 180도 다른 종원의 태도에 지현이가 혀를 내두르며 말했습니다.

"네 오빠가 널…… 아주 끔찍이 아끼나 보다……."

"좀 아까 거기 있는 사람들한테 소리 지르는 거 다 들었지? 귀청 떨어지는 줄 알았네."

상우도 놀란 가슴을 쓸어내리며 한마디 했습니다. 종희는 별일도 아니라는 듯 대꾸해줬습니다.

"우리 오빤 원래 나한테만 잘해 줘. 엄마 아빠한테도 그냥 무뚝뚝하고, 오빠 친구들이나 다른 사람 대할 땐 엄청 까칠한 편인가 봐."

"그러니까, 여동생 대할 때랑 친구들 대할 때 얼굴이 전혀 다르단 말이지?"

현식이가 다시금 물었습니다.

"얼굴뿐 아니라 말투며 태도 하나까지 다 다른 거지. 그런데 그게 나쁜 거야? 생각해 보면 다들 그러지 않나? 동생한테 대하는 태도랑 부모님을 대하는 태도가 같다면 그게 더 이상한 거잖아. 부모님 대할 때랑 동료들 대할 때 다른 것도 마찬가지고. 모든 사람에게 똑같이만 대한다면 그게 더 큰 문제일 것 같은데."

종희가 똑 부러지게 말하자 모두 고개를 끄덕거렸습니다. 지현이가 하긴 그렇다는 표정으로 덧붙였습니다.

"맞아. 사람들은 다 각자 자기만의 가면을 가지고 있는 것 같아. 물론 그게 나쁜 건 아니지. 이 가면은 일부러 남을 속이려고 하는 게 아니라, 대하는 사람이나 상황에 따라 다르게 대처하는 것일 뿐이니까. 어떻게 보면 살아가는 데 꼭 필요한 것일지도 몰라."

현식이는 '아암, 그렇지~' 하는 음흉한 표정을 지으며 뭔가 꿍꿍이가 있는 듯 씩 웃었습니다. 그런 현식을 보며 상우도 어딘가 켕기는 표정으로 고개를 끄덕거렸습니다.

3 가면놀이

"야, 너 뭐 잘못 먹었냐? 왜 그래?"

종희가 현식의 옆구리를 세게 꼬집었습니다. 현식이는 뭐가 잘못된 건지 모르겠다는 능청스런 표정을 지었습니다.

"너 아까 보람이한테 왜 그랬어?"

"왜, 힘들게 일하는 반장 도와주면 안 돼?"

"어이구, 네가 언제부터 보람이한테……."

"여자 아이가 무거운 거 혼자 들고 가니까 불쌍해서 그랬을 뿐이야."

"어머나……."

종희가 벌어진 입을 다물지 못하고 감탄하는 동안 현식이는 문제집을 들고 자리에서 일어섰습니다. 그러더니 아이들이 끔찍이도 싫어하는 수학 선생님에게 다가갑니다. 아침 자습 시간이라 수학 선생님이 잠시 와 계셨거든요.

"쟤, 아무래도 뭐 잘못 먹어서 맛이 간 거지? 상우야, 쟤 왜 저러니?"

종희는 옆줄에 앉은 상우를 붙잡아 물었지만 상우는 어깨를 으쓱거리기만 합니다. 현식이는 무언가 선생님께 물어보더니 잘 알았다는 듯이 고개를 끄덕입니다.

그리고 정말 천재지변에 해당하는 일이 일어났습니다. 수학 시간마다 떠들고 숙제 안 해 온다고, 혹은 문제를 풀지 못한다고 현식이를 구박하시던 선생님께서 글쎄 현식이의 머리를 쓰다듬어 주신 것입니다!

"어머, 나 정말 기절할 것 같아."

조용하게 자습하고 있던 지현이마저 목을 길게 내빼고 현식이 쪽을 바라보고 있습니다.

"종희야, 쟤 현식이 맞지?"

"그러게 말이야! 쟤 미쳤나? 돌아이가 됐나 봐. 어쩌다가 인간이 저렇게 됐지?"

"공부하겠다고 작정했나……."

그때였습니다. 얼굴에 미소가 가득한 현식이가 보람이의 책상 옆에 서서 무슨 말을 소곤거립니다. 그러자 믿을 수 없게도 보람이가 방글거리며 현식이에게 뭐라고 속삭였습니다. 이쯤 되자 종희는 턱이 빠질 정도로 입을 떡 벌리고 쳐다볼 뿐이었습니다.

"와, 쟤, 쟤, 정말……."

아무래도 이상하다 싶은 지현이가 옆줄에 앉은 상우를 잡아끌었습니다.

"쟤, 현식이 왜 저래?"

"으응?"

"보람이한테도 그렇고, 갑자기 수학 선생님한테 웬 아양?"

"그, 그것이……."

난처한 표정의 상우가 말끝을 흐리는 동안, 이야기를 끝낸 현식이가 휘파람을 불며 제자리로 돌아왔습니다.

자습이 끝난 쉬는 시간, 종희가 홱 뒤돌아 앉으며 현식이를 마주

보았습니다.

"너, 보람이 짝사랑한 거였냐?"

"왜, 질투나?"

"헉! 질투는 무슨!"

종희의 얼굴이 새빨갛게 물들었습니다. 현식이는 평소의 능글맞은 모습으로 돌아와 있었습니다.

"나 좋아한 거였어? 내가 보람이하고 있는 거 보니까 질투나?"

"내, 내가 상우를 좋아하지, 왜 너를 좋아해!"

종희는 아차 싶어 입을 가렸지만 이미 늦었습니다. 종희는 아까보다 다섯 배 이상 시뻘겋게 물든 얼굴을 두 손에 묻고 책상에 이마를 콩콩 박느라, 상우 역시 홍당무가 된 것을 보지 못했습니다.

지현이는 예상치 못했던 종희의 고백에 입이 헤벌어져 있고, 건수 하나 제대로 잡아 신이 난 현식은 입이 함지박만큼 벌어져 상우의 어깨를 찰싹찰싹 내리칩니다.

"야, 들었냐? 종희가 너 좋아한대."

"야, 제발 좀……."

"으하하하, 이렇게 고백 받을 줄 넌 알았냐?"

상우가 어떻게든 현식이를 말려 보려 하지만 이미 늦었습니다.

현식이는, 책상에 엎드려 머리카락을 쥐어뜯는 종희를 쿡쿡 찔러 댔습니다.

"종희 씨, 내가 상우 자식 늘 감시하고 있을 테니까 확 잡아. 알았지? <u>호호호</u>."

종희는 고개를 들지 못하고 무슨 말인가 웅얼거릴 뿐입니다. 지현이 한숨을 내쉬며 종희의 등을 가볍게 두들겨 주었습니다.

종희는 현식이로부터 절대로 상우와 관련된 일로 자신을 놀리지 않겠다는 심각한 맹세를 네 번이나 받아 냈습니다. 그리고 평소처럼 매점에 둘러앉아 점심을 먹고 있었습니다.

마침 현식이와 상우가 매점으로 들어왔습니다. 하지만 종희는 현식이도, 상우도 마주 보려 하지 않았습니다.

"그러니까 말이지……."

현식이가 거들먹거리며 말을 꺼내자 지현이가 독촉했습니다.

"그러니까 모든 게 실험이었다, 이거야?"

현식이는 거들먹거리며 말을 이어갔습니다.

"생각해 봤는데, 상우 누나가 남자 친구한테 내숭을 떠는 게 '가짜 모습'이라고 할 수는 없는 거야. 다들 누구를 상대하느냐에 따라서 조금씩 다른 모습을 보이니까. 남자 친구에게 떠는 내숭이 진짜 모습이고 상우를 구박하는 모습이 가짜라고 할 수도 있는 거잖아. 정확하게 말하자면, 누구나 여러 가지 가면을 쓰고 사는 거다 이거지."

"에이, 그게 다야?"

지현이는 눈을 가늘게 뜨고 턱을 매만지며 의심스러운 표정을 지었습니다.

"오늘 그거, 무슨 실험 같은 거 아냐? 이렇게 하면 애가 어떤 반응을 보이나 하는 것처럼."

대수롭지 않다는 지현의 반응에, 현식이는 팔짱을 끼고 입술을 삐죽거립니다. 입을 꼭 다문 현식이 대신 상우가 나섰습니다.

"현식이랑 나랑 어제 집에 가면서 그런 얘길 했거든. '다른 사람에게 어떤 모습으로 보이는가에 따라 그 사람도 나를 대하는 태도가 달라질까', 라고. 그래서 보람이한테 실험해 보았던 거야. 다른 모습 보이기 실험."

"이거 많이 연구해서 한 거라고. 걔가 뭘 나르고 있더라. 척하니 나타나서 다들 반장만 너무 부려 먹는다고 살살 얘기하면서 도와주고, '보람이 네가 평소에 사람들한테 잘 하니까 그러는 거야' 하면서 엄청 걱정하는 말도 해 주고 말이지."

현식이는 투덜거리면서도 열심히 실험 이야기를 했습니다.

"수학 선생님은?"

"수학 선생님은 평소에 나를 문제아라고 생각하고 공부에 소질도 없다고 생각하니까 날 대하는 방식이 정해져 있을 것 같았어. 그래서 수학 공부에 흥미가 있는 척하면서 이것저것 찾아가 질문도 하고 같이 문제도 풀어 보고, 그렇게 모범생 흉내를 냈던 거지."

"아하하. 그래도 어떻게 너한테 속아 넘어가셨을까?"

"뭐, 내가 좀 천재적이지 않겠어?"

현식이의 거드름이 되돌아왔습니다. 지현이는 킥킥 웃고 있지만 종희는 여전히 새침한 표정입니다.

"우린 이미 모두에게 그런 가면이 있다는 걸 알고 있는 거야. 그러니까 누가 '내숭'을 떤다고도 말하고, '잘난 척'을 한다고도 얘기하는 거겠지."

상우가 차분하게 이야기를 이어갔습니다.

"우리는 '내숭'이라고 생각하지만 정작 당사자는 '애교 만점'의 가면을 쓰고 있는 거라 이거지?"

지현의 말에 상우가 고개를 끄덕였습니다.

"상황에 따라 가면을 적절히 바꿔 가며 쓸 필요가 있는 것 같아. 만약 교장 선생님이 아침 조회를 하실 때, 동영상 속 보람이처럼 '애교 만점'의 가면을 쓰신다면 그것 참 곤란하지 않겠어?"

그제야 종희가 피식 웃었습니다. 근엄한 교장 선생님이 '오늘 열심히 공부하셔야 돼요오오~, 화이팅~!'이라고 말하는 장면을 상상했나 봅니다.

"종원 오빠도 연극 이야기를 하면서 그랬어. 가면이란 꼭 남을 속이기 위해서라기보다 주위 환경에 맞추기 위한 거래. 그러니까 사회적 역할을 하기 위한 가면이지. 부모님에게는 자식으로, 친구들에게는 친구로, 동생들에게는 형으로, 뭐 그렇게."

"그런데 가면을 쓴 모습이 실제 모습이랑 너무 다른 경우도 있잖아? 예를 들어서 현식이가 모범생인 척한다든지……."

드디어 종희가 현식이에게 한 방 먹였습니다. 그렇게 한 방 먹고서도 현식이는 그저 킬킬댈 뿐입니다.

지현이가 곰곰이 생각하더니 말합니다.

"그런데 원래 자기 성격이랑 다른 사람을 대할 때 필요한 가면의 성격이 잘 안 맞는다면 몹시 피곤하겠지?"

"현식아, 들었니? 모범생인 척하는 거 힘들 거래. 포기해."

"이익……!"

드디어 발끈한 현식이 종희를 마구 노려보자 상우가 수습에 나섰습니다.

"얘들아, 이거 어때? 우리가 알게 모르게 쓰는 여러 가지 가면들을 한번 다 찾아보는 거. 재밌을 것 같지 않니? 응?"

역시나 평화로운 분위기를 사랑하는 상우입니다. 그래서 종희가 상우를 좋아하는 걸까 생각하며 지현이는 상우를 힐끗 쳐다보았습니다.

그런데 과연 상우는 종희를 어떻게 생각하고 있을까요?

프로이트와 융의 두드러진 학문적 차이

오랜 옛날부터 사람들은 인간이 정신과 육체가 합쳐진 존재라고 생각했습니다. 그리고 여전히 그렇게 생각하는 사람들이 많습니다. 프로이트는 인간의 정신에 대해 연구한 철학자입니다. 프로이트 이전까지 정신이란 자기 자신의 생각과 행동을 알게 해주는 의식(즉 깨어 있는 마음)만을 뜻했습니다. 따라서 프로이트 이전까지는 깨어 있는 정신인 의식의 구조와 활동만 탐구했습니다. 하지만 프로이트는 신경질환 환자들을 치료하면서, 정신에는 의식만이 아니라 더 깊숙한 곳에 숨어 있는 무의식의 영역이 있음을 밝혀냈습니다.

즉, 무의식을 처음으로 발견하고 탐구한 것이 프로이트의 '정신 분석학'이라면, 융은 프로이트의 업적을 이어받아 더욱 발전시킨 '분석 심리학'을 세운 것입니다.

학자들은 융이 프로이트의 무의식을 '개인 무의식'과 '집단 무의식

(보편 무의식)'으로, 의식을 '자아'와 '페르소나'로 자세히 나눈 것을 중요한 업적으로 여깁니다. 특히 융의 페르소나 개념은 바람직한 자기 정체성을 찾는 데 매우 중요합니다. 프로이트와 융의 차이를 요약해 보면 다음과 같습니다.

프로이트 – 정신 $\begin{cases} \text{의식} \\ \text{무의식} \end{cases}$

융 – 정신 $\begin{cases} \text{의식} \begin{cases} \text{자아(자의식)} \\ \text{페르소나} \end{cases} \\ \text{무의식} \begin{cases} \text{개인 무의식} \\ \text{집단 무의식(보편 무의식)} \end{cases} \end{cases}$

'페르소나'는 자아의 여러 얼굴

의식의 영역 안에는 내가 나를 알게 하는 '자아'와 다른 사람들도 나를 알게 하는 '페르소나'가 있습니다. 비유하자면 빙산의 수면 윗부분이 의식이고 아랫부분이 무의식과 같습니다. 그리고 수면 윗부분 중 그 고유한 크기나 성분 등을 자아라고 할 수 있으며, 그것이 공

기와 닿으며 이루는 다양한 모습을 페르소나라 할 수 있습니다. 성격, 기억, 습관, 가치관 등 스스로 알게 되는 자신의 모습이 자아이고, 집단 또는 사회 안에서 맡은 역할을 통해 알게 되는 모습이 페르소나입니다.

따라서 직업이나 사회적 위치 등은 그 사람의 페르소나를 만들어 줍니다. 자신의 소질과 맞지 않는 직업을 가질 때 혼란스러움을 느끼는 이유도 자아와 상반된 페르소나를 가지기 때문입니다. 하지만 자아만을 따르는 태도 역시 다양하게 변화하는 사회에 맞지 않습니다.

우리는 종종 '천의 얼굴을 가진 배우' 라는 표현을 씁니다. 그 말은 그만큼 다양한 페르소나를 잘 갖추고 있다는 칭찬입니다. 배우뿐 아니라 일반인도 사회생활을 하려면 다양한 페르소나가 있어야 합니다. 그리고 그것들이 본연의 자아와 건전하고 균형 있게 조화를 이루어야 합니다.

페르소나라는 용어의 뿌리는 고대 그리스의 한 배우가 썼던 '가면'에서 유래합니다. 그 가면을 '진짜 자기 얼굴' 로 여기거나 '거짓된 가식' 으로만 여기는 태도는 바람직하지 않습니다. 자아와 페르소나는 알기 힘든 무의식의 영역이 아니라 의식의 영역입니다. 따라서 누구나 그 둘을 균형 있게 조화시킬 수 있습니다.

융이 이룩한 의식 연구의 성과, 심리 유형 분류법

프로이트가 무의식 연구에만 집중했던 반면, 융은 의식의 연구에도 큰 관심을 기울였습니다. 그는 스스로 '의식 심리학'이라 칭한 여러 형태의 인성 이론을 발전시켰습니다. 그 대표적 성과가 지금도 우리가 친숙하게 사용하는 '인간 심리 유형 분류법'입니다.

융은 종잡을 수 없이 다양한 인간의 행동들 속에, 사실은 매우 질서 정연하고 일관된 성향이 있다고 생각했습니다. 인간의 행동이 다양한 이유는 지각하고 판단하는 기능의 특징이 각기 다르기 때문입니다. 그래서 융은 자아의 기본적인 성향과 기능을 밝히고 이들을 여러 방법으로 결합시켜 개인의 심리 유형을 설명했습니다.

융은 자아의 기본적인 태도를 외향성과 내향성 두 가지로 구분하는데, 이 성향은 태어날 때 이미 결정되어 있습니다. 외향적인 사람은 자기 안에서 일어나는 변화를 외부 대상 때문이라고 생각합니다. 반

면 내향적인 사람은 외부 대상의 변화를 자기 스스로의 생각 때문이라고 여깁니다.

융은 그러한 인간 의식의 성향 외에, 자아의 기본적인 심리 기능이 있다고도 말했습니다. 그는 외향성과 내향성이라고 해서 모두 똑같지 않음을 발견했습니다. 특히 판단하는 과정에 필요한 사고와 감정, 지각하는 과정에 필요한 감각과 직관, 이 네 가지 기능 가운데 사람에 따라 어느 하나가 두드러진다는 점에 주목했습니다. 두 가지 성향과 네 가지 기능을 조합하면 여덟 가지 심리 유형(MBTI)으로 분류할 수 있습니다.

1. 외향적 사고형: 규칙과 사실을 중시. 과학자, 기술자.
2. 내향적 사고형: 사물에 대한 이론을 체계적으로 잘 세움. 철학자.
3. 외향적 감정형: 주변에 잘 순응하며 사교적. 사회 사업가.
4. 내향적 감정형: 가까운 사람들을 잘 이해하며 자기희생적. 성직자.
5. 외향적 감각형: 실용적이며 현실을 잘 받아들임. 개인 사업자.
6. 내향적 감각형: 주관적으로 경험되는 감각을 중시. 예술가.

7. 외향적 직관형: 미래의 새로운 것에 관심이 많음. 탐험가, 사업가.

8. 내향적 직관형: 꿈이나 환상 등 신비한 세계를 즐김. 신비주의자.

오늘날에도 자주 사용되는 MBTI(Myers-Briggs Type Indicator)는 이런 융의 심리 유형론을 근거로 하여 보다 쉽고 유용하게 활용할 수 있도록 고안된 자기보고식 성격 유형 지표랍니다. 하지만 명심할 것은 우리는 여러 심리 유형의 혼합체라는 사실입니다. 그리고 사람들은 인격을 발달시키고 성숙시킴으로써 자신의 심리 유형을 점차 바꿔갈 수도 있음을 융은 강조합니다.

꿈, 나도 몰랐던
내가 들려주는 이야기

 "나의 생애는 무의식이 실현되어 가는 역사이다. 무의식에 있는 모든 것은 사건이 되어 밖으로 나타나며, 나의 인격 또한 무의식의 조건에 근거해서 발전해 간다."

– 카를 융, 《회상, 꿈, 그리고 사상》 서문

1 어젯밤 꿈에……

종희와 지현이는 방과 후 연극 연습을 위해 종희네 집에 가는 길이었습니다. 그런데 종희가 이런저런 이야기를 해도 지현이는 대꾸도 없이 멍한 표정으로 걷기만 했습니다. 뭔가 이상함을 느낀 종희가 이를 눈치 채고 지현이를 붙잡아 흔들었습니다.

"지현아."

"……"

"이지현!"

"어, 으응?"

"무슨 생각을 그렇게 하냐? 계속 불렀는데도 못 듣고."

종희가 넋을 놓고 걸어가는 지현이를 부르자 지현이가 퍼뜩 정신을 차렸습니다. 종희는 뭐라고 핀잔을 주려고 했지만 지현이의 눈이 시뻘겋게 충혈되어 있는 것을 보고는 순간 멈칫했습니다.

"어머, 너 눈이 왜 그래?"

"나 어젯밤에 한숨도 못 잤어."

"왜, 무슨 일 있었어? 악몽이라도 꾼 거야?"

"으음. 악몽은 아닌데……."

지현이가 말끝을 흐리면서 입술을 살짝 깨물었습니다. 종희는 무슨 일이 있었을까 더욱 궁금해져서 지현이를 다그쳤습니다.

"아닌데, 뭐가 어떻게 된 거야?"

"나 꿈에서 엄마 봤어."

"너희 엄마?"

"응."

지현이가 그 말을 하고 고개를 푹 숙입니다. 지현이의 어머니는 2년 전에 돌아가셨습니다. 종희는 그 사실을 알고 있었던 터라 딱히 해 줄 말을 찾지 못하고 머뭇거렸습니다.

"꿈에서 엄마가 거실에 있는 책장을 쭉 훑어보시는 거야. 그리고는 빨간 책 하나를 꺼내시면서 나한테 뭐라고 말씀을 하시더라고. 무슨 말씀을 하는지도 잘 모르겠고, 꿈인지 생시인지 분간이 안 될 정도로 몽롱한 기분이 드는 거 있지. 꿈에서 깬 시간이 새벽 네 시였어. 그런데 다시 잠을 자려고 누워도 잠이 안 오는 거야. 다른 사람도 아니고 엄마를 만난 건데도 조금 무섭더라고. 그래서 거실에서 불을 다 켜 놓고 있다가 아침에 학교에 왔던 거야."

"엄마 꿈인데 뭐가 무서워?"

"그러게 말이야. 근데 너도 어두운 데 혼자 있어 봐. 꿈 안 꿔도 그냥 무섭지. 누가 나를 지켜보고 있다는 느낌이 들지 않아? 나는 그 생각 때문에 무섭더라."

"그래? 나는 잘 모르겠다. 우리 집은 매일 시끌벅적하잖아. 무섭다는 걸 느낄 겨를이 없다니까."

종희네는 식구가 많아 늘 북적대는 분위기에서 자랐습니다. 그래서인지 종희는 집 안에 혼자 있을 때에도 무섭다는 생각을 해 본 적이 없습니다. 지현이가 계속 말했습니다.

"근데 내가 잠도 안 오고 해서 엄마가 책을 꺼냈던 곳을 찾아봤거든. 그런데 어땠는지 알아? 거기에 정말 빨간 책이 있는 거야.

너무 깜짝 놀라서 심장이 멎어 버리는 줄 알았어. 가슴도 마구 떨리고. 아무튼 그 책을 조심스럽게 꺼내 봤는데, 글쎄 앨범이더 라고."

"무슨 앨범?"

"그냥 나 어릴 때 사진이랑, 엄마 계실 때 우리 가족이 같이 찍었 던 사진 같은 거. 더 섬뜩한 건, 내가 그 앨범을 전에 한 번도 본 적이 없다는 거야. 그런 게 있는지도 몰랐어. 그런데 어떻게 꿈에 서 그 앨범을 봤을까?"

"어머, 진짜 좀 으스스하다."

왠지 오늘은 아침 온도가 갑자기 10도는 더 내려간 것처럼 오싹 했습니다. 종희는 눈을 위로 치켜뜨고는 두 팔로 몸을 감싸 부르 르 떠는 시늉을 했습니다. 지현이는 종종 어머니 꿈을 꾸곤 합니 다. 하지만 이번 꿈은 어머니가 직접 찾아온 것처럼 정말 생생했 습니다. 엄마의 예쁜 얼굴, 고운 손결이 모두 다 느껴지는 것만 같 았습니다.

"종희야, 나 있지……, 내가 그 앨범을 어디서 봤을까 계속 생각 해 봤거든. 그런데 아무래도 본 기억이 없어. 우리 엄마가 진짜 귀 신이 되어서 찾아왔을 리는 없고. 아니면 혹시…… 엄마가 나한

테 무슨 말을 전해 주려고 찾아오신 건 아닐까? 아냐, 그럴 리가 없어. 귀신은 없는 거야. 그치?"

지현이는 괜히 이상한 생각들이 드는 것 같아 얼른 다른 화젯거리들을 찾았습니다.

"그런데 혹시 이런 적 있지 않았어?"

"어떤?"

"어딜 가다 보면 '엇, 이거 예전에 어디에서 본 것 같은데······.' 하는 생각이 들 때 말야. 그걸 데자뷰라고 하던가? 우리가 기억하는 건 실제 우리 경험 중에서 굉장히 작은 부분이라잖아. 예를 들어 거리에서 스치는 사람들의 얼굴을 일일이 기억할 수는 없으니까 거의 잊어버리고 말지. 근데 나중에 아주 닮은 사람을 만나면 어디서 봤다는 생각이 드는 거 있잖아."

"하지만 내가 우리 집 책장에 있는 앨범을 보고도 그렇게 잊어버릴 수가 있겠어?"

"그거 혹시 네가 아주 어렸을 때 봤다든가 그랬던 거 아냐?"

지현이가 잠시 생각에 빠졌습니다. 토끼처럼 새빨갛게 충혈된 눈을 감았다 뜨더니 고개를 끄덕였습니다.

"글쎄······."

"지현이 네가 언젠가 봤던 앨범인데 시간이 오래 지나서 잊어버린 것일 수도 있어. 그러다가 무의식 중에 생각이 난 거지."

"무의식 중에?"

"응. 네가 평소에는 잊고 지냈던 거야. 내 생각에는 분명 네가 그 앨범을 본 적이 있을 거야."

"그랬을지도 모르겠다……. 맞아, 무의식은 기억 은행하고도 비슷한 거라잖아. 평소에는 머릿속에 한 번 저장해 두면 딱히 찾을 일이 없지만, 필요하면 나도 모르게 꺼내서 쓰게 되는 거."

"무의식이 기억 은행이라고? 이야, 그건 또 어디에서 들은 말이야?"

"예전에 종원 오빠가 교회에서 무서운 얘기 해 줄 때 그랬어. 칼인지 융인지……, 어떤 철학자가 그랬다던데."

"또 우리 오라버니께서 고리타분한 이야기를 해 주셨군. 기억하고 있는 네가 더 용하다. 하여튼 우리 오빠는……."

"나는 그래도 종원이 오빠가 멋있기만 하더라, 뭐."

지현이는 부끄러운 미소를 짓더니 이내 얼굴이 발그레해졌습니다.

"멋있다고? 너, 우리 오빠 좋아하는 거 아니야? 하하하."

"아냐, 아냐. 그런 거."

종희의 농담에 지현이는 손사래를 치며 완강히 부정했습니다. 종희는 웃음을 거두고 골똘한 표정이 되더니 말했습니다.

"그런데 이해되지 않는 부분이 있어. 의식하지 못하는 것들을 어떻게 우리 마음대로 끄집어낼 수 있지? 말 그대로 의식하지도, 기억하지도 못하는 거잖아. 그래서 사람들은 떠올리기 싫은 무섭고 괴로운 기억을 무의식 속에 담아 두는 거 아닌가?"

"맞아. 그런데 그런 것들이 왜 내 꿈에서 나타난 거냐고?"

"에이, 꿈은 복잡하잖아. 질서도 없고……. 그런데 분명한 것은 꿈이란 어쨌든 기억이나 의식과 뭔가 관계가 있다는 거야."

"나도 그런 것 같아. 꿈이 나도 모르는 나를 나타내기도 하잖아. 깨어 있을 때는 의식하지 못했던 것이 꿈속에서 나도 모르게 드러나고, 꿈속에서나마 소원을 성취하기도 하고. 꿈은 무의식으로 들어가는 문 같은 거니까."

"얘가 또 철학적인 말을 하네. 꿈이 무의식으로 들어가는 문이라……. 그것도 우리 오빠한테 들은 말이지? 그런데 꼭 그게 아닐 수도 있어."

"아니면?"

"진짜 꿈에 엄마가 나타나서 알려 주고 가신 거지 뭐."

종희는 장난스럽게 말하긴 했지만, 친구가 꿈에서 돌아가신 엄마를 봤다는 생각에 소름이 오싹 끼쳤습니다.

"지현아."

"응?"

"그것도 아니면 초능력이나 뭐 그런 것일 수도 있어. 나도 가끔 그럴 때 있거든? 다른 사람한테서 뭔가 감이 찌리리~ 오는 것 같다가 딱! 통하는 거."

"헹. 그 초능력, 시험이나 볼 때 좀 사용하면 좋겠다."

"그러게. 나도 뭐 먹고 싶을 때는 오빠랑 딱 통하는데 왜 시험 칠 때는 아무하고도 안 통하는지 몰라. 공부 잘하는 애랑 텔레파시가 통하면 얼마나 좋아. 그치?"

종희는 학예회가 끝나면 곧장 다가올 시험 걱정이 마구 엄습해 오는 것을 느꼈습니다.

"텔레파시보다 교과서 통째로 외우는 능력이 더 낫지 않나? 그냥 슬쩍 보기만 해도 다 기억하는 거. 그럼 시험지만 딱 봐도 눈앞에 답이 막 스쳐가는 거지."

종희는 혼자 상상의 나래를 펴며 진짜 그런 일이 일어난 것처럼 좋아합니다.

"아유, 빨리 가자. 초능력 안 생길 거 같으면 공부나 열심히 해야지."

"흐흐, 그래. 일단은 학예회 준비나 잘 하자고."

둘은 룰루랄라 집으로 향했습니다.

2 망각의 바다

"흐음. 아주 흥미로운 꿈인 걸."

지현이의 꿈 이야기를 다 들은 종원은 있지도 않은 턱수염을 쓰다듬듯 턱을 문지르며 말했습니다. 종희네 집에선 종원과 학예회 조원 모두가 다시 모여 이야기꽃을 피우고 있습니다. 방금 지현이의 꿈 이야기가 끝났지요.

"제 꿈이 뭘 뜻하는 거예요?"

"글쎄. 넌 그 빨간 앨범을 본 기억이 없다고 했지?"

"네."

"음……. 너희들 혹시 프로이트라고 아니?"

"무슨 심리학자 이름 아닌가요?"

현식이가 어디서 들어본 이름인 듯 되물었습니다.

"맞아, 사람의 심리를 연구한 철학자지. 프로이트는 누가 꿈을 꾸던 간에 꿈 안의 상징은 비슷하다고 생각했어. 하지만 프로이트의 제자인 융이란 사람은 그 말에 반대를 했지. 융은 꿈꾼 사람의 경험과 인생, 또는 무의식 속에 있는 내용에 따라 완전히 의미가 다를 수 있다고 했어."

종원의 말을 들은 현식이 금방 우쭐거리는 표정으로 끼어들었습니다.

"맞아요. 똑같은 꿈이라도 꾼 사람에 따라 전혀 의미가 다를 수 있는 거죠. 각자 경험한 게 다 다른데."

"그런데 지현이 꿈은 또 다른 것이, 어머니가 보여 주신 빨간 앨범을 실제로 찾았단 말이야. 물론 전에 본 적은 없는 거고. 무의식 중에 잊어버렸던 기억이 떠올랐을 수도 있지만……."

"에…… 근데 형."

방금 전까지 자신감으로 넘치던 현식이는 난처한 얼굴이 되었습니다.

"왜?"

"계속 무의식, 무의식 하는데, 그게 정확히 무슨 뜻이에요?"

그 말을 들은 상우도 현식이의 질문에 동의하는 모양입니다.

"저도요. 무의식이라는 게, 그러니까 제 생각 안에 있으면서도 제가 모르고 있는 건가요? 지킬 박사와 하이드처럼 뭐 그런 거예요?"

"그런 거랑은 좀 다르고. 가만 있어 봐, 무의식이라는 게……."

종원이 자리에서 일어나더니 책장을 살피기 시작했습니다. 책 몇 권을 뺐다 넣었다 하더니 그 중 하나를 꺼내 들었습니다.

"융 이야기로 시작했으니 이참에 융이 말하는 정신세계를 얘기해 줄게."

"정신세계요?"

상우가 큰 관심을 보이기 시작하자 종희까지 덩달아 고개를 끄덕였습니다.

"이건 카를 융이 말했던 거야. 사람의 정신은 의식과 무의식의 집합이야. 그리고 그 둘 중에 의식이란 건 자아와 페르소나의……."

"어어, 오빠. 벌써 어려워졌어. 좀 천천히 말해 봐. 정신은 뭐?"

"의식과 무의식으로 이루어졌다는 거지."

"응, 그리고?"

"그 중에서 의식은 자아와 페르소나로 구성되어 있어."

"자아는 또 뭐야?"

종희가 손사래를 치며 브레이크를 걸었습니다. 상우를 비롯한 다른 아이들도 종희가 중간에 종원의 말을 끊고 질문을 한 게 내심 반가웠습니다.

"음. 자아란 건 말하자면 나야, 나. 나 자신. 내가 가진 기억, 생각, 감정, 내가 보고 듣고 느끼는 지각, 그런 모든 것들."

"아, 그럼 자아 말고 페르⋯⋯."

"페르소나."

"응. 그건 또 뭐야?"

"페르소나는 다른 사람들에게 보이는 내 모습이야. 마치 자아가 쓰고 있는 가면 같은 거지."

아이들은 요전에 저들끼리 이야기했던 가면 이야기가 여기서 나오자 다들 놀랐습니다. 종원은 덧붙여 설명해 주었습니다.

"그러니까 의식을 구성하는 건 내 기억이나 생각, 감정 같은 자아라는 것, 그리고 다른 사람을 대할 때 그 사람에게 비춰지는 내 모습, 이 두 가지라는 거지."

"응. 그리고 그런 의식이랑 무의식으로 되어 있는 게 정신이다, 이거지?"

드디어 알아들은 종희가 통쾌하게 말하자 종원이 빙긋이 웃으며 종희의 머리를 쓱 쓰다듬었습니다.

"종희가 이런 내용을 알아들을 때도 있구나."

"헉, 오빠 죽어!"

벙글거리던 종희가 금방 싸움 자세에 들어가자 상우가 눈치 빠르게 끼어들면서 물었습니다.

"저, 그럼 의식은 그렇다 치는데, 대체 그놈의 무의식은 뭐예요?"

상우의 노력에도 불구하고 종희는 입을 삐죽이면서 방에서 나가 버렸습니다. 오빠의 말에 많이 삐친 걸까요? 하지만 종원은 따라 나가서 달랠 생각도 않고 책을 들여다보고 있었습니다.

"무의식이란 건······. 아니다, 차라리 그걸 보여 주는 게 낫겠다. 기다려 봐. 너희가 재밌어 할지 모르겠지만."

"뭔데요?"

현식이와 지현이가 거의 동시에 그렇게 물었습니다. 종원은 책상 밑에서 종이 더미를 뒤지기 시작했습니다. 찾기가 힘든지 이것저것 꺼내고 훑어보고 다른 쪽에 치워 두고, 또 꺼내고 훑어보고 치워 두고 하기를 한참 반복했습니다.

"도와 드려요?"

"아무래도 너희가……. 앗, 찾았다!"

종원이 종이 더미 거의 바닥에 숨어 있던 파일을 끄집어냈습니다.

"볼래? 내가 신입생 때 썼던 대본이야."

"와앗! 오빠가 대본도 썼어요? 오빤 배우만 한다면서요?"

평소엔 조용한 지현인데 많이 놀랐나 봅니다. 깜짝 놀라 묻는 지현이에게 종원이 쑥스러운 듯 뒷머리를 긁적였습니다.

"원래 이것저것 다 해 봐야 하는 거야. 그때 내가 한참 심리학에 빠져 있어서 그런 내용으로 썼던 거야. 돌려 봐 봐."

그때였습니다. 종원의 방문이 열리더니 종희가 과자와 음료수를 잔뜩 든 쟁반을 들고 들어왔습니다. 아까 삐친 척 나가더니 간식거리를 가지러 간 거였네요.

"먹으면서 합시다!"

"우우, 종희 그렇게 안 봤는데!"

현식이가 종희를 놀려대며 초코파이 하나를 낚아챘습니다. 종희는 쟁반을 들고 있는 탓에 현식이를 혼내주고 싶어도 어쩔 수 없기에 눈만 흘겨댑니다.

"종희야, 네 오빠가 직접 쓴 대본도 있대!"

지현이가 떠벌리듯 말하자 종원이 쓸쓸하게 웃었습니다.

"대본이라기보다 그냥 습작이지."

"어머, 진짜? 엄마한테 보여 드려 볼까? 그럼 엄마가 뭐라고 하실지 알지, 오빠? 가라는 의대는 안 가고, 하라는 공부는 안하더니……."

"종희야, 너 오빠 성격 알지?"

"알아, 알아. 오빠 무대포에 제멋대로인 거. 엄마가 뭐라고 하시든, 아빠가 뭐라고 하시든……."

"유식한 사람만 재미 있어 할 내용이라 너희가 좋아할지 모르겠다."

두 남매가 토닥거리는 동안 지현은 대본을 잡아들고 슥 훑어보기 시작했습니다. 대본은 십여 쪽 정도의 짧은 분량이었습니다. 지현이가 '망각의 바다'라고 크게 쓰여 있는 맨 앞장을 넘기니, 종원의 방만큼이나 깔끔한 글씨체로 대사와 지문이 적혀 있었습니다.

"짧은 내용이네요? 등장인물은 여행자, 수도자, 청년, 초능력자, 해설자까지 다섯 명이고……."

"다섯 명? 여기 있는 사람이 딱 다섯 명이잖아?"

현식이가 방 안의 사람들을 둘러보며 거들었습니다.

"어, 진짜? 우리 학예회 때 이걸로 해도 되겠다. 그래도 되요, 형?"

상우 역시 관심을 보입니다. 종원은 멋쩍어하면서도 대본을 흘 깃거리고 종희는 지현이의 옆에 꼭 붙어 대본을 읽어 보고 있습 니다.

"초등학생 꼬마들에겐 다소 어려운 내용이겠지만, 너희가 하고 싶다면야……."

말은 그렇게 하지만 종원도 현식이와 상우의 생각이 싫진 않은 표정이었습니다.

"망각의 바다라……. 대강 무슨 내용이에요? 첫 장면에는 어린 아이들이 바닷가 해변에 앉아 있는 것으로 시작하는데."

지현이 대본을 들척이면서 물었습니다.

"무의식을 바다로 표현한 거야. 그 장면에서 조금 더 뒤로 가면 밤이 되거든. 그러면 어른들이 해변으로 다가와서 그날 하루 동안 보았던 것들, 들었던 것들, 생각했던 것들을 마구잡이로 꺼내서 바다에 던져. 그리고 잊어버려. 무의식 속에 갖다 버리는 거지."

"아아……."

"아이들은 하루 종일 해변에서 놀고 있어. 어린 아이들은 아직 무의식에서 그리 멀지 떨어져 있지 않거든. 그래서 바다 가까이에 있는 거지. 그렇지만 나이가 들면서 우리는 외향적으로 변해. 마음의 고향인 무의식에서 점점 멀어지지. 그래서 해가 뜰 때부터 질 때까지 넘치는 에너지를, 다른 사람들과 소통하고 일하고 경험하고 그런 데에 쓰는 거야."

"그렇지만 그걸 다 기억하지는 않고 밤이면 와서 바다에 갖다 버리는 거예요?"

"그렇지. 점점 자라면서 무의식, 즉 망각의 바다에서 놀던 어린 시절을 잊어버리고 해변에서 멀어져. 밤이면 기억과 경험을 갖다 버리고 그런 것들이 잔뜩 섞인 꿈을 꾸는 거야."

지현이의 눈이 몽롱해집니다. 현식과 상우는 지현이 어깨 너머로 대본을 읽어 보려 애쓰고 있습니다.

"우리가 잠에서 깨어 있을 때 아는 것은 의식하는 것들밖에 없어. 사실 우린 우리 몸에 대해서도 모르는 게 정말 많은데 말이야. 너희들, 정확히 어떻게 다리가 움직이는지, 잠이 드는지, 배가 고파지는지 모르잖아, 그게 다 자기 몸인데도. 의식으로 알고 있는 것은 정말 별로 많지 않아. 그에 비해서 무의식은 한없이 방대한 거지."

지현이는 세 번째 페이지에서 잠깐 멈추었습니다. 등장인물 넷은 작은 배 하나를 타고 망망대해를 건너갑니다. 해설자는 그들이 무의식의 바다에서 길을 찾아 헤맨다고 설명합니다. 의식에 해당하는 자아가 무의식의 바다 깊은 곳에 있는 자기를 찾아 헤맨다고 하네요. 잃어버린 쌍둥이를 찾아 헤매듯이 말이에요.

"그러니까 무의식은 유령이나 귀신같은 게 아니라, 그냥 내가 모르는 나 자신이군요?"

상우가 조용히 말하자 종원이 빙긋이 웃었습니다.

"응. 아주 방대한 지식을 가진 나 자신인데, 자아는 무의식과 잘 교류하지 못해. 그저 필요 없다고 생각되는 것들을 갖다 버릴 뿐이지. 거기 모인 것들 중 이따금 의식으로 튀어나오는 것도 있겠지만, 우린 그런 것도 잘 알아채지 못하거나 이내 잊어버리지."

그 말을 듣자 지현이가 옳거니, 하고 소리쳤습니다.

"맞아요, 잠잘 때 꿈에서 마주치기도 하고요! 그렇죠?"

"응. 그래서 어쩌면 지현이가 그 앨범을 아주 오래 전에 봤을지

도 모른다고 말한 거야. 지현이는 본 적이 없다고 생각했지만 한 번 보고 잊은 것인지도 몰라. 그리고 무의식에 그것을 던져 놓았던 거지. 그러다 어느 날 꿈에서 그 기억이 확 떠오른 거고. 꼭 바다에 던져 놓았던 물건을 낚시하다가 찾는 것처럼."

"초능력 같은 건 아니고요?"

"그걸 초능력이라고 한다면 그렇게 볼 수도 있지."

현식이는 좀 실망한 표정이 되었습니다. 아무래도 '잃어버린 기억 찾기'보다는 초능력을 가진 친구를 두는 쪽에 더 큰 기대를 걸었나 봅니다.

"초능력이 있는지 없는지는 모르겠지만, 어쨌든 융은 무의식이 미래를 예견할 수 있다고 믿었어. 그렇지만 우리는 무의식의 바다에서 너무 멀리 떠나 버려서 그 깊은 바다 속으로 다시 돌아가기가 힘들어. 고작해야 꿈과 같은 것을 통해 이따금씩 힌트를 받을 뿐이지."

지현이 말없이 고개를 끄덕였습니다. 지현이는 무의식의 바다 위에서 배를 타고 떠돌며 자기를 그토록 찾아 헤매는 여행자들을 이해할 것 같았습니다.

3 모두가 가지고 있는 초능력, 무의식

대본이 결정됐음에도 다들 연극 연습은 뒷전으로 미루고 꼬리에 꼬리를 무는 수다를 그칠 줄 모릅니다. 이번엔 상우가 이야기를 들려주기 시작했습니다.

"있지, 우리 사촌 형이 작년에 죽었거든. 그런데 우리 고모가 사촌 형이 죽던 날 밤에 꿈을 꾸셨대. 사촌 형이랑 같이 있는 꿈이었는데 갑자기 잠에서 깨셨다는 거야. 그래서 침대에 가만히 앉아 있었는데 그 어느 때보다도 기분이 상쾌한 것 같더래. 그때 창문에서 바람이 스윽 불어 왔는데 이상하게 마음이 편안해지셨대. 누군가 고모를 두 팔로 끌어안는 기분이 들면서, 이유 없이 눈물이 한 방울 뚝 떨어지더라는 거야. 아무래도 무슨 일이 있지 싶어서 미국에 전화를 하셨대. 그런데 우리 고종 사촌 형이 몇 분 전에 죽었다는 거야. 미국에서는 한국이 새벽이라 날 밝으면 전화를 하려고 했대. 그 일이 있고 나서 한참 뒤에 우리 고모가 그러시더라. 사촌 형이 워낙 착해서 하늘나라로 그냥 못 가고 고모한테 와서 마지막 인사를 한 거라고."

무시무시한 귀신 이야기를 기대했던 아이들이 한순간 숙연해졌습니다. 지현이는 돌아가신 엄마가 생각났는지 눈에 눈물이 고였습니다. 가라앉은 분위기를 끌어올리기 위해 현식이가 이야깃거리를 떠올렸습니다.

"아, 나도 그런 비슷한 얘기 아는 거 있어. 들어 봐, 예전에 우리 할머니가 해주신 얘기야. 6·25 전쟁이 날 즈음에 우리 할머니 할아버지는 38선 가까운 곳에서 사셨대. 할아버지가 그 근처에서 근무하셨거든. 그런데 전쟁이 나기 몇 달 전부터 할머니가 똑같은 꿈을 계속 꾸셨다는 거야. 낫을 든 농부들이 피를 뒤집어쓰고 점점 다가오는 꿈……."

"어우, 소름 돋아."

"장면을 상상하니까 너무 무섭다."

종희와 지현이가 서로 꼭 팔짱을 끼며 어깨를 움츠렸습니다.

"그런데 우리 할머니만 그 꿈을 꾼 것이 아니라 주변에 다른 사람들도 비슷한 꿈을 꾸었다는 거야. 그래서 다들 불길한 느낌으로 하루하루를 보냈는데, 어느 날 전쟁이 터져 버린 거지. 육.이.오."

"히익!"

종희가 숨을 훕 들이마셨습니다.

"그 꿈이 6·25 전쟁이 일어날 걸 미리 알려준 것 같지 않아?"

"으으, 무서워. 그런 건 초능력 아니야? 앞날을 예견하는……."

"그런 것 같지?"

종희가 부르르 떨며 묻자, 현식이가 고개를 끄덕였습니다.

"그런 꿈도 무의식에서 나오는 거겠지. 의식하진 못해도 다들 전쟁 직전의 불길한 기운을 느끼고 있었던 거야."

지현이가 차분하게 말하자 종희가 물었습니다.

"너 그것도 우리 오빠가 말해 준 거지?"

"응. 종원 오빠가 그랬어."

"넌 어떻게 그걸 다 기억해? 난 무슨 말인지 통 모르겠던데."

종희는 종원이 진지하게 하는 이야기는 대개 흘려듣고 맙니다. 너무 어렵거든요. 오히려 종희 친구 지현이가 종원과 더 대화가 잘 통하는 편입니다. 그래서 지현이가 종원과 뭔가 진지한 이야기를 시작하면, 종희는 지현이와 노는 것을 포기하고 거실로 나가 혼자 텔레비전을 봅니다.

종원은 상우와 현식의 이야기를 내내 묵묵히 듣더니 뭔가 정리가 된 듯 입을 열었습니다.

"융이 말한 것 중에 '동시성'이란 게 있어."

"저 봐. 또 이상한 말하지."

종희는 입을 삐죽거리며 볼멘소릴 냈지만 거실로 나가 버리진 않았습니다. 대신 초코파이를 집어 물었죠. 지현이는 눈을 깜빡거리며 물었습니다.

"동시성이요?"

"응. 첫 번째는 내가 생각하는 거랑 바깥세상에서 일어나는 일이 일치하는 거야. 지현이의 꿈이 여기에 해당하겠지? 꿈에서 본 빨간 앨범이 실제로 존재하는 거. 두 번째는 내가 몰라야 할 것을 알게 되는 거야. 현식이가 말했던 고모 이야기처럼, 아들이 죽은 것을 알 방법이 없는데 알게 되는 그런 현상이지. 세 번째는 내가 모르는 세계 어딘가에서 일어나는 일 같은 경우. 이건 너희 할머니가 6·25 전쟁 전에 꿈꾸신 게 여기에 해당돼. 꿈하고 미래가 연결되는 거야."

이번에는 종희가 초코파이를 내려놓고 물어봤습니다.

"그러니까 귀신이나 유령 이런 게 아니라 죄다 무의식이라 이거지? 미래를 예견하는 초능력까지?"

"글쎄. 융이 돌보던 환자도 현식이 할머니와 비슷한 경험을 했어. 제2차 세계대전이 일어나기 전에 어떤 환자가 꿈을 꿨는데 야수가 감옥에서 탈출하는 꿈이었대. 야수 알지? 미녀와 야수의 괴물. 그런 무서운 야수의 이미지랑 제2차 세계대전의 끔찍한 상황이 맞아떨어지는 것 같지 않아?"

"연극부 사람들은 오빠보고 야수 같다고 하지 않아?"

"세계대전이 일어나는 것보단 내 성질 받아주는 게 나을 걸."

종원의 말에 다들 머리를 맞대고 킥킥 웃었습니다.

"또 이런 일도 있었어. 호텔에서 융이 묵고 있었는데, 순간 뒷머리가 무지무지하게 아프더래. 그런데 그때 사실은 융의 환자 한 명이 스스로 머리에 총을 쏴서 자살했던 거야. 그런데 더 신기한 건 융이 아프다고 느꼈던 그 자리가 그 환자의 총알이 박힌 자리였대. 죽은 환자의 귀신이 융에게 찾아오기라도 했던 걸까?"

"으아아아아! 그만해!"

종희가 지현의 팔을 부여잡고 얼굴을 숙였습니다. 현식이는 킥킥 웃으며 종희를 놀렸습니다.

"아하, 귀신 얘기가 종희한테는 쥐약이구나."

"몰라! 오빠는 어디서 그런 얘길 들어서……."

"오늘 집에 가면 해몽 사이트나 뒤져 봐야겠다."

현식이는 자기 옆에 찰싹 붙어있는 종희를 아랑곳하지 않고 무심하게 중얼거렸습니다. 그 말에 지현이가 몇 개 남지 않은 어묵과 떡볶이 떡을 이쑤시개로 쿡쿡 찌르며 말했습니다.

"난 해몽 같은 거 믿지 않아."

"왜?"

종희가 눈을 동그랗게 뜨며 되물었습니다.

"만약 나랑 상우랑 둘이 똑같은 꿈을 꿨다고 해 봐. 화려한 봄날에 꽃향기가 가득한 길을 걷는 뭐 그런 꿈. 그런데 상우한테는 그게 좋은 경치일 수 있지만 나한테는 악몽이거든."

"왜 꽃향기 가득한 길이 악몽이야?"

현식이가 갸우뚱합니다. 종희와 상우 역시 눈만 껌벅이고 있습니다.

"난 봄만 되면 알레르기 때문에 몹시 고생해. 꽃 냄새가 난다 하면 거의 몇 초 만에 코가 꽉 막히고 콧물 흐르고 재채기 나고 그러거든. 난 향수 냄새도 싫어해. 나한테 3, 4월은 그야말로 지옥이라고 할 수 있지. 잠도 제대로 못 잘 정도라니까. 그러니 봄날 꽃향기가 가득한 길을 걷는 꿈은 나한테는 최악의 악몽이야."

"진짜? 그럼 상우한테는 로맨틱한 꿈 내용이 지현이 너한테는 끔찍한 악몽이 될 수도 있는 거네?"

"그래. 똑같은 내용의 꿈이라도 사람마다 뜻은 분명히 다르다는 거지."

지현이가 고개를 끄덕이며 말하자 현식이가 씩 웃었습니다.

"그러니까 해몽 사이트에 가서 '봄날의 산책'을 찾아봤자 별로 도움이 안 된다 이거지."

"꿈은 다 그런 거 같아. 꿈꾼 사람에 대해 잘 모르는 상태에서 꿈을 해석해 줄 수는 없는 거야."

종희가 갑자기 까르르 웃음을 터뜨리면서 지현이의 말에 덧붙였습니다.

"그러고 보면, 나는 개한테 물린 적이 있어서 개가 나오는 꿈은 다 악몽이거든. 보신탕 좋아하는 사람은 '으음, 맛있겠군!' 이라고 하겠지만. 그치?"

"하하. 맞아."

상우가 맞장구를 칩니다.

"그런 거 보면, 당연히 내 마음이니까 내가 안다고 해도, 내가 모르는 내 마음이 또 있는 건 분명한 것 같아. 나는 나를 다 알지는 못하는 거지."

현식이가 알쏭달쏭한 말을 했습니다.

"응? 다는 모른다고?"

"어. 꿈을 꾸면서도 그 꿈을 어떻게 꾸게 된 건지는 전혀 모르잖아. 그거 너무 이상하지 않아? 내가 '나'이면서도 '나'를 잘 모른다는 거."

"흐음……."

잠시 침묵이 흘렀습니다. 아이들의 이야기를 잠자코 듣고 있던 종원이 시계를 보더니 주의를 환기시켰습니다.

"자, 그만하고. 이제 대본이 결정 됐으니까 배역을 정해야지? 얘들아, 시간 얼마 안 남았다."

종원이 짐짓 근엄한 목소리로 말하자, 아이들은 곧장 각자 맡을
배역에 대해 의논하기 시작했습니다.

의식과 무의식의 구분

융이 말하는 무의식을 정확히 이해하기 위해서는 먼저 의식과 무의식의 차이점을 분명히 알아두는 것이 좋습니다. 물론 의식이 무엇인지 정확하게 정의하는 일도 무척 어렵지만, 무의식과 구분하기 위한 기준은 간단히 말할 수 있습니다. 그것은 의식이 '스스로 알아차리는 것'이라는 점입니다.

옆자리에 사람이 있는 것을 알고 행동을 조심하는 것, 날씨가 추워진 점을 알고 옷을 따뜻하게 입는 것은 모두 정신 의식의 활동입니다. 인간의 의식이란 감정과 생각을 기억하고 판단하며, 또 그것을 행동으로 옮기는 정신 영역 전체를 말합니다. 그것은 기계적으로 알아차리는 것과 달리 인간 정신이 스스로 알아차리는 것입니다. 인공 지능 로봇도 단순히 알아차리는 것은 얼마든지 할 수 있습니다. 하지만 그것은 인간이 조작해 놓은 것이지, 로봇 스스로 알아차린 것이

아닙니다. 로봇은 의식이 없는 기계이기 때문입니다.

무의식은 기계나 로봇처럼 의식이 아예 없는 상태를 말하는 것이 아닙니다. 무의식은 인간의 정신 속에 스스로 알아차리는 의식과는 다른 '추가적인' 영역을 일컫는 용어입니다. 무의식이란 스스로 알아차림이 '아예 없는' 것이 아니라, '스스로 알아차릴 수 없는' 정신 영역입니다. 따라서 로봇은 무의식조차도 없다고 할 수 있습니다.

융과 프로이트의 무의식에 관한 견해 차이

융이 말하는 무의식을 효과적으로 이해하려면 프로이트의 무의식 개념과 비교해 보는 것이 좋습니다. 무의식은 자아가 잠든 사이 꿈에서 나타나기도 하고, 최면에 걸리거나 술에 취한 몽롱한 상태에서 나타나기도 합니다. 또는 엉겁결에 말실수로 나타날 때도 있습니다. 이렇듯 우리를 지배하고 있지만 우리 스스로 알아차릴 수 없는 무의식의 영역이 있다고 한 프로이트의 주장에 융도 전적으로 동의합니다.

프로이트와 융의 의견 차이는 의식과 무의식의 관계를 설명할 때 드러납니다.

프로이트는 인간의 여러 욕구들이 의식의 주인인 자아에게 짓눌리고 통제 당하고 변형되어, 의식 아래로 깊숙이 잠긴 것이 무의식이라고 설명합니다. 대개 사람의 무의식은 그 사람이 과거에 직접 경험했던 사실들로 구성됩니다. 다만 자아의 감시를 피해 숨어드는 바람에 기억에서 사라진 것일 뿐입니다.

하지만 융은 직접 경험하지 않은 사실도 무의식 속에서 발견된다고 주장합니다. 프로이트는 자신이 세운 정신 분석학에 경험하지 않은 요소들을 포함시킨다면 신비주의에 빠질 수 있다고 경계했습니다. 그러나 융은 프로이트의 무의식 이론이 미흡하다고 생각하여 이를 수정, 보완한 이론을 내놓았습니다.

융은 무의식 안에 '개인 무의식'과 '집단 무의식'이라는 두 가지 형태가 있다는 점을 내세웠습니다. 개인 무의식은 프로이트가 주장한 것과 같은 개인적 경험에서 비롯된 무의식입니다. 히스테리와 같은 일반 신경증은 무의식 안에 잠겨있는 억압되고 변형된 욕구가 한 순간 육체를 지배하는 현상입니다. 따라서 이러한 신경증은 정신 분석을 통해 치료할 수 있습니다.

 그렇지만 자아가 완전히 무너진 정신분열증이나 텔레파시, 데자뷰, 빙의 등의 영적 현상은, 경험과 관련이 없는 무의식이 드러난 것입니다. 융은 이러한 무의식이 개인적 욕구가 아닌 다른 기원을 가진다고 생각했습니다. 그리하여 경험 과학을 넘어선 초과학적인 설명을 시도했습니다. 그래서 세계의 역사, 종교, 철학, 신화 등을 두루 연구한 끝에 집단 무의식을 발견했습니다.

 융에 의하면 무의식은 개인이 직접 경험한 본능적 욕망, 인류가 오랜 옛날부터 공통으로 지녀온 본성(본유 성향)을 함께 담고 있습니다. 융은 개인의 경험과 관계없이 모든 사람에게서 발견되는 본성의 무의식을 집단 무의식(또는 보편 무의식)이라 불렀습니다. 프로이트가 깊은 관심을 기울인 꿈은 융이 말하는 두 가지 무의식이 모두 발견되는 대표적인 현상입니다. 그래서 꿈에 대한 해석은 융에게도 무척 중요한 연구 대상이었습니다.

융의 무의식 개념이 이룬 성과

융이 프로이트의 무의식 이론을 보완하면서 분석 심리학은 풍성하게 발전했습니다. 융의 이론은 정신분열증이나 초능력 등 여러 특이 현상들을 새롭게 해석할 수 있는 길을 열어 주었습니다. 또한 심리학의 범위가 개인의 차원을 넘어서 집단 심리, 사회 심리 등으로 넓어지는 계기를 마련하였습니다. 개인의 심리 문제에 있어서도 그 사람의 욕구를 파악하고 치료하는 것에 그치지 않고, 모든 사람들이 보편적으로 지닌 본유적 성향을 파악하여 분류할 수 있도록 해 주었습니다.

집단 무의식 개념을 만들어낸 인류 공통의 '본유적 성향'은 동양 철학의 핵심인 인간의 '본연지성'과 맞닿는 개념입니다. 융은 서양인에겐 매우 어려운 동양 고전 '주역'까지 탐구하면서 학문적 열정을 불살라, 동서양의 사상 교류에 이바지하기도 했습니다.

정신적 장애물, 콤플렉스

 "나는 콤플렉스를 성적 갈등에만 국한시키는 프로이트의 생각에 동의하지 않는다. 콤플렉스는 심리적 생명의 핵이며 인간의 감정, 지각, 소망 등의 원형이다."

– 카를 융

1 무의식 게임 1탄, 공주와 기사

"먼저 대사부터 외워야 해. 대사 못 외우면 말짱 헛일이라고."

상우가 말했습니다.

"아니야, 대사는 여러 번 연습하면 자동으로 외워져. 중요한 건 자연스러운 동선이야."

현식이 반박했습니다.

"바보야, 대사를 외워야 동작을 연습할 수 있지. 생각이 없냐? 그러니까 네가 공부를 못하는 거야."

"뭐? 이 자식이!"

현식이 으르렁거리며 자리를 박차고 일어났습니다.

"제발 너희끼리 싸우지 좀 마. 연극 전문가 종원 오빠가 있잖아. 오빠한테 물어보면 되지."

지현이 한심하다는 듯 고개를 저으며 말했습니다. 종희는 그저 종원의 얼굴만 쳐다볼 뿐이었습니다. 옥신각신 엎치락뒤치락 각자 각자 의견이 분분했습니다. 이래서 어떻게 연습을 할까 싶어 종원은 한숨을 내쉬었습니다. 벌써 밤이 늦었는데, 이러다간 시작도 할 수 없을 것 같았습니다.

"애들아, 이러다간 끝도 없겠다. 그만! 그만들 싸우고 내 말 좀 들어 봐."

서로 자기 의견이 옳다고 말다툼을 벌이던 아이들은 간신히 숨을 돌리곤 종원의 말에 귀를 기울였습니다. '그래서 공부를 못하는 거'란 상우의 말에 현식은 여전히 거친 숨을 내몰았지만 큰 싸움을 벌이진 않았습니다. 싸움을 벌이면 상우의 말을 인정하는 것 같아서였습니다.

"내일 학교 끝나고 다시 여기로 모일래? 너희가 싸우지 않고 서로 잘 이해할 수 있도록 내가 방법을 좀 마련해야겠다."

"그게 뭔데요?"

"게임."

지현이 눈을 반짝였습니다.

다음 날 방과 후, 아이들은 종희네 집에 다시 모였습니다. 다들 어제 싸웠던 건 안중에도 없고 종원이 뭘 준비했는지 궁금해 하는 표정만 역력했습니다.

"다 모인 건가? 한 명이 늘었네?"

"네, 우리 반 반장 보람이에요."

현식이는 어른스러운 말투로 보람이를 소개했습니다. 모두가 곱지만은 않은 시선이었지만 보람이는 전혀 신경 쓰지 않는 모양이었습니다. 종원은 한 명이 늘어도 상관없다며 오늘 할 게임에 대해 설명했습니다.

"대본 내용처럼 바다라고 생각하면 돼. 배를 타고 가면서 그물을 던지는 거야. 쉽게 연결될 수 없는 무의식이니까 다른 방법을 쓰는 거지."

"전생, 뭐 그런 거예요?"

"무의식이라니까……."

종희가 쌀쌀맞은 목소리로 대답했습니다. 인정하기는 싫지만 보람이의 동그란 눈은 꽤나 귀여웠거든요. 그래서 말도 없이 보람이를 데려온 현식이를 가만히 노려보고 있었지요.

단지 '실험'이라고 하던 현식이는 벌써 일주일이 지나도록 보람이에게 착한 모범생 노릇을 하느라 바빴습니다. 그리고 이제는 종희와 지현, 상우가 모일 때마다 늘 보람이를 데리고 오려고 했습니다. 보람이 옆에서 점잖은 척하는 현식이를 보는 재미도 하루 이틀이지, 이제 종희는 그저 현식이를 한 대 때려 주고 싶을 뿐이었습니다.

"아, 무의식……. 어머, 신기하다."

보람이가 손뼉을 치며 좋아합니다.

"그것 봐. 뭔가 재미 있는 일이 있을 거라고 했잖아."

현식이가 덩달아 좋아하자 종희의 사나운 눈길이 현식이에게로 다시 한 번 향했습니다.

"대단한 건 아니고, 꿈 얘기부터 시작해. 그림을 그리거나 이야기를 지어내면서 자기도 모르는 자신의 모습을 찾아내는 거야."

"와, 진짜 재밌겠다!"

역시 현식이는 보람이에게 관심이 있었던 것일까요? 사전 지식이 없는 보람이를 위해 종원 형에게서 들었던 무의식 이야기를 옆에서 소곤소곤 설명해 주기 시작했습니다. 처음에는 제대로 이해도 못하더니 집에 가서 꽤 생각을 많이 했나 봅니다. 보람이에게 들려주기 위해 그랬던 걸까요? 과연 현식이 말대로 저런 행동은 '실험'일 뿐일까요?

종원이 종이와 연필을 아이들에게 한 장씩 나누어 주었습니다. 그리고 제비를 접어 야구 모자 안에 섞어 넣고 그 중 하나를 골라 집었습니다. 미리 적어둔 질문이었습니다.

"잠자는 숲 속의 공주를 구하러 기사가 숲에 들어가고 있어. 기사는 어떻게 생겼을까? 또 어떤 기사일까? 그 기사는 왜 공주를 찾아가는 것일까? 딱 떠오르는 답을 작성해 봐. 자, 그럼 시작!"

종원이 질문을 읽자 아이들은 각자 생각나는 답안을 적어 내려가기 시작했습니다. 그림을 잘 그리는 상우는 기사의 모습을 그림으로 그렸습니다. 15분이 지나자 종원이 시계를 확인하고 말했습니다.

"자, 거기까지! 그럼 상우부터 시작해 볼까?"

제일 먼저 상우가 자신이 그린 그림을 보여 주었습니다. 키가 크고 홀쭉한 기사는 칼이나 활 대신 짧은 도끼와 단도를 들고 있습니다.

"저는 그림 그리면서 그런 생각을 했어요. 제가 싸움을 잘 안하고 자라서 그런지, 제가 그리는 영웅들은 힘이 세진 않아요. 기사가 공주를 찾아가는 이유도 적을 물리치고 공주를 구하려는 게 아니라, 미스터리를 풀고 싶어서일 거예요. 정말 공주가 있는지 없는지 확인하고 싶어서. 이건 아마 제가 궁금한 걸 못 참는 성격이라서 그렇겠죠? 흠. 제가 호기심이 많아서 그런지, 꿈도 그렇거든요. 전 책을 읽으면 그 책 이야기에 나오는 배경 속에서 무언가 찾아다니는 꿈을 자주 꿔요."

"이거야 원, 상우한테 내가 해 줄 말이 없는 걸. 스스로에 대해 알아서 분석을 잘 해냈는데?"

생각 많은 상우가 똑 부러지는 대답을 하자, 종원은 별로 해 줄 말이 없는 모양이었습니다. 뭐라 대꾸를 하려던 종희는 자신이 쓴 답을 내려다보다가 그만 손으로 가려 버렸습니다. 마음에 들지 않았나 봅니다. 이를 보고 지현이가 눈치 있게 나섰습니다.

"다음은 제가 말할게요. 상우 그림은 짧은 도끼랑 단도인데, 제 기사는 큰 칼을 차고 있어요. '싸우는 사람'은 큰 칼이 필요하다고 생각하고 있었나 봐요. 왜 그런지는 모르겠어요. 제 생각이 너무 틀에 박혀 있는 걸까요?"

"그것도 네 무의식의 그림자일 수가 있지. 계속해 봐."

"그리고 기사가 공주를 찾아간 이유는 공주를 잘 알기 때문이에요. 물론 동화 속에선 백 년 동안 잠만 자는 공주로 나오지만, 기사가 단지 예쁜 공주를 찾아가려고 그런 큰 위험을 감수했을까요? 어쩌면 기사의 여동생이었는지도 모르죠. 오랫동안 감금되어 있는 여동생을 찾아가면서 고생했던 것이 잠자는 숲 속의 공주 이야기로 바뀐 건지도 모른다고 생각했어요."

"음. 그럴 듯한데?"

현식이 늠름한 표정으로 중얼거렸습니다.

"그리고 기사가 찾아갈 때에도 형이나 동생이랑 같이 갔을 거라고 생각했거든요? 혼자 가기는 좀 뭐 하잖아요."

지현이가 말을 끝내자 종원이 짤막하게 이야기했습니다.

"그러고 보면 지현인 가족 중심적으로 생각하는 면이 있는 것 같아. 돌아가신 엄마에 대한 인상이 강해서 그런 걸까?"

다들 고개를 끄덕였습니다. 얼굴이 발갛게 달아오른 보람이가 수줍게 입을 열었습니다.

"저, 그렇게들 말하니까 난 정말 어린애 같아. 공주가 세상에서 제일 아름답다고 들었기 때문에 기사가 숲속으로 갔다고 적었거든. 그러니까 난 기본적으로 공주라면 예뻐야 한다고 생각하는 거야. 그리고 공주가 예뻤기 때문에 기사가 찾아갔던 거라고 생각한 거지. 이거 외모 지상주의 맞죠, 오빠?"

잠자코 듣고만 있던 종원이 대답했습니다.

"그런 면이 있을 수도 있겠다. 굳이 외모 지상주의라기보다는, 예쁜 걸 좋아하는 마음이 강한 거지. 누구나 예쁜 걸 좋아하지만 보람이는 특히 더."

"에이, 그래도요. 아, 또 있다. 난 기사가 부하들을 많이 데리고 왔다고 적었어. 부하들이 숲에 얽혀 있는 가지들을 쳐내고, 괴물이 나타나면 기사가 죽이고. 그러니까 나에게 '강한 사람'이란 괴물을 죽일 만큼 힘이 세지만, 잡다한 일은 부하들한테 시켜 버리는 그런 사람이야. 그래서 내가 동생을 자꾸 시켜 먹나? 휴우……."

사실 보람이는 동생뿐 아니라, 반장이라는 지위로 반 아이들을 부리는 경향이 있었습니다. 그래도 한숨을 내쉬며 반성하는 모습을 보고 아무도 질책을 하진 않았습니다.

"흠. 보람아, 사실은 나도 비슷해. 다른 점이 있다면 내 기사는 우람한 근육질 헐크라는 거~. 근데 부하들을 끌고 갈 생각은 해 보지도 않은 멍청한 기사야. 아, 그리고 또 떠올랐던 건, 이 기사

가 사실은 다른 나라의 작은 시골에서 온 대장장이였다는 거야. 대장장이가 자기네 가게에 있는 갑옷이랑 칼을 차고 와서 기사인 줄 알았던 거지. 고향에선 그저 별 볼일 없는 대장장이였지만, 사실은 공주님을 구할 능력이 있는 용맹한 사람이었던 거야."

편들어 주는 현식에게 보람이가 환하게 웃어 보였습니다. 아무래도 둘 사이에 무언가 있습니다. 아니, 없어도 금방 생길 것만 같습니다.

"현식이는 사람들한테 '지금 보이는 내 모습이 나의 전부는 아니에요' 라고 말하고 있는 것 같아. 어떻게 생각해?"

"으하하! 정답이다!"

상우가 무릎을 치며 깔깔대자 종희와 지현이도 한바탕 웃었습니다. 영문을 모르는 보람이만 눈을 깜빡거리고 있을 뿐이었지요.

"종희 너는 뭐라고 적었어?"

종원이 종희의 답안지를 슬쩍 훑어보며 물었습니다. 종희는 버릇대로 머리카락을 쥐어뜯으며 중얼거렸습니다.

"내 무의식은 도대체 뭔지 알 수가 없어. 내 이야기 속의 기사님은 공주가 꿈에서 계속 보아 왔던 남자야. 운명이 지어 준 짝을 위해서 백 년을 기다린 거야. 그리고 나타난 기사는 공주가 꿈꿨던 그대로지. 공주가 마음에 두지 않은 가짜 기사들은 이미 숲 속에서 다 죽어버렸어. 그리고 예정되어 있던 기사 한 명만이 성까지 도착했지. 이거, 무슨 뜻이야?"

보람과 현식, 지현과 상우는 각각 생각에 빠졌습니다. 한 1분 지났을까, 종원이 입을 열었습니다.

"아마도 네가 무언가 진정으로 원하는 게 있는데, 그 바람이 그대로 이루어지는 때를 기다리고 있다는 뜻 아닐까? 그냥 어쩌다 보니 이래저래 되었다는 것보다는 원래 그렇게 되기로 예정되어 있었다는 거. 모든 일에 목적이 있고 이유가 있다고 믿고 싶은 마음 말이야."

"으응……."

종희가 자신도 모르게 고개를 끄덕였습니다. 확실하게 이해가 되는 것은 아니지만 종원의 말이 대충 맞는 것 같아서요.

"그러니까 종희한테는 전체적으로 사건이 어떻게 맞아 들어가는가가 더 중요한 거야. 기사가 이렇게 생겼다, 공주가 저렇게 생겼다 그런 것보다는……."

"우와! 그 말이 맞는 것 같아요!"

지현이 종원을 바라보며 박수를 쳤습니다.

"와, 이거 정말 그럴듯해. 간단해 보였는데 의외로 우리가 모르는 부분에 대해서 잘 알게 되네. 데리고 와 줘서 고마워, 현식아."

보람이의 말에 어벙하게 웃는 현식의 모습이 재미 있어 종희와 지현이 까르르 웃음을 터뜨렸습니다.

"내일은 꿈 이야기를 할 거니까 오고 싶으면 또 와도 좋아."

웬일인지 종희가 아주 너그럽게 보람이를 초대하자 어리둥절한 지현이 의문의 눈길을 던졌습니다. 그렇지만 종희는 못 본 척 하면서 상우를 향해 빙긋이 미소를 지었습니다. 보람이는 현식이 귓가에 대고 작은 목소리로 물었습니다.

"그런데 아까 지현이 얘기할 때 그게 무슨 말이야? 무의식의 그림자가 뭐라고 하던 말……."

보람이가 말꼬리를 흐리며 현식이를 쳐다보았습니다. 현식이는 어떻게든 설명을 해주고 싶은 것 같지만 그저 우물쭈물할 뿐이었습니다. 다행히 종원이 대답해 주었습니다.

"아, 그런 얘기였어. 우리는 무의식에 대해서 잘 모르잖아. 잘 알 수 있다면 그게 의식이지, 무의식이겠냐? 잘 모르니까 문제가 생기는 거야. 예를 들어서 어렸을 때 벌레를 아주 무서워한 아이가 있어. 그런데 아이는 뭐 그런 걸 가지고 무서워하느냐고 크게 혼이 났던 적이 있어. 그런데 자라면서 그 기억을 잊어버렸어. 하지만 크게 혼났던 기억이 무의식 속에 있기 때문에 자기도 모르게 '벌레를 무서워하는 건 한심한 짓이야', 하고 생각하는지도 모르잖아?"

"아아, 그럼 벌레를 무서워하는 다른 애들을 마구 놀릴 수도 있는 거군요!"

눈치 빠른 보람이가 말했습니다.

"그래. 그 벌레를 무서워하는 '그림자'가 자신의 문제인지도 모르고 오히려 다른 사람들을 마구 놀리고 비난하는 거지."

"오호. 그러면 만약 자기 무의식을 잘 이해하게 되면 더 이상 그러지 않을 거다, 이 말이죠?"

"맞아. 무의식적인 것을 의식으로 가져오면, 무의식 때문에 불안한 마음을 많이 치유할 수 있다는 게 융이 말하고자 하는 거야."

너무나 재미 있게 듣던 보람이 빙긋이 웃으면서 옆에 앉은 현식을 찔렀습니다.

"데려와 줘서 정말 고마워! 너무 재밌어."

설명해 준 사람은 종원인데 고맙다는 말은 현식이가 듣네요. 현식이의 입이 또 헤벌어지는 걸 보고 종희가 지현이에게 윙크를 살짝 날렸습니다.

"형, 다른 건 없어요? 이거 굉장히 재미 있는데요?"

"음, 다른 거라……."

"네, 오빠. 다른 게임도 알려 주세요!"

지현도 나서서 재촉을 했습니다. 종원은 매끈한 턱을 쓰다듬으며 고민을 하더니 뭔가 떠오른 듯 손가락을 퉁겼습니다.

"좋은 게 있다."

"뭔데요?"

모두들 눈을 반짝였습니다.

"꿈. 만약에 너희가 오늘 다투지 않고 무사히 연습을 잘 마치면 다음번에는 꿈을 가지고 오늘처럼 게임을 시켜 줄게."

"정말요?"

지현이 다시 박수를 치며 좋아했습니다.

"물론 다투지 않고 무사히 연습을 마쳐야해 준다는 거야."

아이들은 종원의 제안을 듣고 한껏 기대에 부풀었습니다. 다들 연습을 무사히 마치고 꿈에 관한 게임을 하게 될 수 있겠죠? 그 게임에서는 또 무엇을 발견할 수 있을까요?

2 무의식 게임 2탄, 꿈의 꼬리 밟기

"자, 오늘 이렇게 모여 주신 분들께 감사드립니다."

종희네 동그란 식탁에 둘러앉은 아이들에게 종원이 인사를 하자 몇몇이 킥킥 웃음을 터뜨렸습니다. 종원의 말대로 서로를 잘 이해할 수 있게 된 아이들은 큰 다툼 없이 며칠간의 연습을 훌륭히 해낸 터입니다.

"공짜 초코파이도 있고 주스도 있습니다. 물론 재미 있는 꿈 얘기를 해 주셔야 먹을 수 있는 거 아시죠?"

말이 끝나기도 전에 현식이는 초코파이 하나를 날름 입안에 집어넣었습니다.

"흠, 현식이부터 꿈 애길 시작하는 걸로 하지, 그럼."

놀랄 만한 속도로 초코파이 하나를 다 먹어 버린 현식이가 종원의 말은 듣지모 못한 척 몇 번 헛기침을 하더니 슬며시 눈을 감았습니다.

"꿈이라……. 아아, 졸려."

"뭐야, 엉터리야!"

보람이 현식의 팔뚝을 꼬집자 현식이는 엄살을 부리며 팔뚝을 감쌌습니다.

"아파! 알았어, 알았어."

"자아, 조용……."

토요일 저녁 여덟 시, 불 꺼진 거실에 불빛이라고는 동그란 식탁 위 촛불 두 개 밖에 없었습니다. 조금은 음산한 기분에 지현은 종희에게 더 바싹 기대었습니다.

"내가 꾼 꿈은 전에 이야기했던 잠자는 숲 속의 공주 이야기 비슷한 거였어."

"앗, 나도 그 비슷한 꿈 꿨는데!"

보람이가 끼어들자 지현이 얼른 엄지를 입술에 갖다 대며 '쉿' 합니다. 한 번에 한 사람만 이야기하기로 했거든요.

"미안……."

"공주는 숲 속의 성이 아니라 반지의 제왕에 나오는 탑 꼭대기에 갇혀 있었어. 그리고 머리카락이 무지하게 길었어. 꿈에서 깨고 나서 찾아보니 《라푼첼》이라는 동화에 나오는 내용이었어. 탑에 갇힌 공주가 긴 머리를 창밖으로 늘어뜨리면, 왕자가 머리카락을 밧줄 삼아 타고 올라가 공주를 구해 주는 거지."

지현과 종희, 보람이 모두 고개를 끄덕였습니다. 여학생이라면 적어도 한 번쯤 읽어 본 동화일 것입니다.

"성 밖에서는 전쟁이 나서 시끄러웠는데, 싸우는 사람들 중에 오크가 없어서 특이했어. 난 악당하면 오크를 떠올리거든."

"흠."

종원이 고개를 끄덕입니다.

"또 특이했던 점이 있어. 난 한 순간도 우리 편이 질 거라고 생각하지 않았어. 내 덩치가 더 크고 내 칼이 더 크니까. 난 나도 모르게 덩치가 곧 힘이라고 생각하고 있었나 봐. 형이 있어서 그런가? 형은 나보다 세 살이나 많고 키도 훨씬 커서 난 절대로 이길 수가

없거든. 내 동생도 나보다 나이가 적어서 내가 늘 이기고. 덩치가
크다고 무조건 이기는 게 아니란 건 알지만 어릴 때부터 그렇게
자라다 보니……"

"……"

"끝이에요."

"현식이는 무의식 중에 힘으로 사람의 우열을 가리는구나?"

종원이 낮은 목소리로 해석을 해주자 상우가 현식이에게 불쑥
물었습니다.

"너 키가 몇이야?"

"왜? 너보다 크면 내가 널 아랫사람으로 볼까 봐? 하하."

현식의 말이 끝나기만을 기다렸던 보람이 종원을 빤히 쳐다봅니
다. 다음 이야기는 자신이 하고 싶다는 뜻이겠지요?

"다음은 보람이가 얘기해 봐."

"나도 숲속의 공주 꿈을 꿨어요. 그런데 이번에는 '공주는 예뻐
야 한다'는 선입견을 고치려고 노력했기 때문인지 꿈까지 바뀌었
나 봐요. 이번 공주는 못 생겼거든요. 그런데 깨서 생각해 보니 꿈
속의 공주가 우리 막내 고모를 닮았던 것 같아요. 엄마는 항상 막
내 고모가 못생겨서 시집을 못 갈 거라고 놀렸거든요. 엄마는 자

주 그런 말을 해요. 누구는 예뻐서 시집을 잘 갔다, 누구는 예뻐서 남자들이 쫓아다닌다, 누구는 꾸미니까 예뻐 보이더라, 누구는 예뻐서 선을 잘 봤다고 하더라……. 또 있어요. 돈 많은 사람들은 잘 꾸미고 다니기 때문에 다 예쁠 거라고 생각하세요."

"그건 좀 잘못된 생각 같아."

"네, 저도 머리로는 잘 알고 있어요. 현식이가 '힘'으로 우열을 가린다면 전 여자의 '미모'로 우열을 가리는 거예요. 무의식 중에 말이죠. 난 외모 지상주의자가 맞나 봐요. 앞으로 고쳐야 될 것 같죠?"

동그란 테이블에 모인 모두가 고개를 크게 끄덕였습니다. 어느새 보람이는 예전보다 훨씬 이야기를 나누기 편한 친구로 변해 있었습니다.

"아, 그리고요……."

보람이는 아직 더 할 말이 남았나 봅니다.

"응?"

"이렇게 얘기하고 꿈속을 들여다보는 일이 제 자신을 이해하는 데 많은 도움이 되는 것 같아요. 일기도 쓰기 시작했는데 그것도 도움이 돼요."

종원이 웃음으로 대답을 대신한 채 지현이 쪽을 바라보았습니다.

"자, 그 다음은 지현이?"

"난 엄마 꿈을 또 꾸었어."

"어, 엄마?"

벌써 무서워지는지 종희가 더듬거리며 물었습니다.

"응. 그런데 엄마 어렸을 때 모습 같았어. 내 나이 정도 된 엄마가 머리를 두 갈래로 땋고 학교에 가고 있었어."

"그런데 어머니인 건 어떻게 알아?"

"그냥 알 수 있었어. 엄마랑 나랑 같이 학교에 가는데 주위를 둘러보니까 아빠처럼 보이는 선생님이 있고, 오빠도 저 멀리에서 빨리 오라고 손짓하고 있었어. 난 그런 꿈 자주 꾸거든. 그렇지만 엄마가 그렇게 나타나기는 처음이었어. 많이 보고 싶었나 봐. 내 꿈엔 가족들이 참 많이 나와."

"난 가족 꿈 잘 안 꾸는데. 하도 매일 시끌벅적하게 사니까 지겨워서 그런가?"

종희가 투덜거렸습니다. 정말 종희네 집은 가족뿐만 아니라 친척들까지 자주 왕래하다 보니 늘 시끌벅적했습니다.

"지현이가 그런 꿈을 꾼 이유는 엄마를 많이 그리워해서가 아닐

까? 지현이는 엄마가 돌아오길 바라지만 그건 불가능한 일이기 때문에, 꿈에서나마 지현이 또래의 모습으로 나타났던 거지."

종원의 의견에 지현이 고개를 끄덕였습니다.

"학교 갔다 학원 가느라 바빠서 함께 사는 오빠랑 아빠도 잘 못 보잖아. 만약 오빠랑 아빠가 같이 학교에 다니는 친구 사이라면 매일 지겹도록 볼 수 있지 않겠어? 하하. 그러고 보니까 지현이는 뭔가 바라는 것에 대한 꿈을 자주 꾸는구나. '희망' 같은 것에 대해서."

"아무래도 그런 것 같아요."

지현이 다음은 상우 차례였습니다. 아까부터 제일 심각한 얼굴이었던 상우가 한숨을 깊게 내쉬었습니다.

"무슨 꿈인데 그렇게 심각해?"

종희의 장난스런 물음에 상우가 얼굴을 붉혔습니다.

"아니, 심각한 건 아니고 그저, 뭐……. 내가 꾼 꿈은 좀 복잡했어요. 내가 어느 나라의 왕이었는데……."

"아하하! 왕이라고? 그래 놓고 나보고 왕자병이래. 자기는 왕이 된 꿈도 꾸면서, 흐흐."

이죽거리던 현식이가 매섭게 쩨려보는 종희의 눈초리에 얼른 입을 다물었습니다.

"중요한 건 내가 왕이었다는 게 아니야. 내가 다스리던 나라 안에서 반란이 일어났거든. 그래서 반란군 대장이 잡혀 들어왔어. 그런데 문제는 잡혀 온 반란군 대장이 다 옳은 말만 하는 거야. 그 지방을 관리하는 사람이 폭군이라서 마을 처녀를 깡그리 데려가 첩을 삼았어. 또 높은 세금을 매겨서 마을 주민들이 굶어 죽게 했어. 나도 암행어사에게 들어서 알고는 있었지만 너무 늦었던 거지. 법대로라면 내가 반란군을 죽여야 하는 상황이었어. 그런데 내가 반란군 대장이었어도 그 사람처럼 행동했을 거야. 그래서 죽여 버릴 수가 없었어. 그렇지만 죽이지 않으면 또 반란이 일어날 테고……"

"그거, 되게 철학적인 꿈이다?"

종희가 눈을 반짝였습니다.

"그러다 깨긴 했지만 입장이 얼마나 곤란했는지 몰라."

"상우는 상대방 입장에서 생각해 보는 습관이 배어 있나 보다. 어떤 상황을 맞닥뜨렸을 때, 거기에 관련된 모든 사람의 입장과 생각을 알아야 직성이 풀리는 게 아닐까?"

종원이 조심스레 해석을 하자 상우가 말했습니다.

"우리 부모님은 저한테 늘 그러시거든요. '상우는 어떻게 생각하니?', '상우가 이 사람이었다면 어땠을 것 같아?' 하고요. 그래서 늘 다른 사람 입장에서 생각하고, 그 사람이 아는 걸 나도 다 알고 싶어 해요. 누나가 나보고 신 콤플렉스가 있다고 할 정도라니까요?"

"오우, 그건 못 들어 봤어. 나폴레옹 콤플렉스는 들어 봤어도."

현식이가 관심이 있나 봅니다.

"응. 무슨 일이든지 할 줄 알아야 성이 차는 콤플렉스라고 했던가? 이 꿈도 예전에 꿨던 건데, 그때도 며칠 동안 고민했거든."

"왜 나폴레옹 콤플렉스는 없냐? 너 키 작잖아?"

그 말에 종희가 발끈합니다.

"상우가 뭐가 작냐? 작으면 네가 작지!"

"내가 왜 작아? 상우보다 최소한 10cm는 크다!"

"어허이. 그만."

토닥거리며 싸우는 종희와 현식을 종원이 말렸지만 종희는 아무래도 현식이를 예쁘게 봐주기 힘든 모양입니다.

"그런데 그 콤플렉스라는 것도, 융 심리학의 중요한 부분이죠?"

모두의 눈이 지현으로 향했습니다. 얼결에 종원이 고개를 끄덕였고 지현은 만족한 미소를 지었습니다. 그동안 종원과 열심히 대화를 나누더니 웬만한 심리학 내용은 다 마스터했나 봅니다.

"으으, 어두우니까 으스스하고 무서워. 불 좀 켜고 하자."

종희가 거북이처럼 움츠리며 중얼거렸습니다.

"아냐, 우리 귀신 이야기 하나씩 돌아가면서 하자!"

종희의 천적은 역시 현식이지요! 결국 이야기는 귀신 이야기로 새어버렸습니다. 종희는 귀를 막고 웅얼거리다 자기 방으로 도망가 버렸네요!

3 콤플렉스의 종류

"아유, 심심해!"

"뭐야, 학교가 텅텅 비었는데 공부만 하라는 거냐!"

오후 2시. 점심을 잔뜩 먹고 졸린 눈을 억지로 떠가며 오후 수업을 시작할 시간인데 보람이네 반 학생들은 떠들기만 하고 있습니다. 어떻게 된 일이냐고요? 그러게 말입니다. 오늘따라 악성 독감과 눈병으로 선생님이 네 분이나 결근하셨거든요. 반 아이들도 열명이나 결석했고요. 간신히 출석한 아이들 중에서도 안대를 한 아이들이 몇몇 보였답니다.

그 때문에 옆반 담임 선생님 한 분이 세 반을 돌아가면서 자습을 시키고 계셨습니다. 물론 선생님이 나가시기만 하면 금방 시끄러워졌지만요.

"여러분드을~."

반장 보람이가 싹싹하게 웃으며 교탁 앞에 섰습니다. 그러자 방금 전까지 시끄럽게 투덜거리던 아이들은 떠든 사람 이름이라도 적을까 봐 열심히 공부하는 척하기 시작했습니다. 보람이는 생긋 웃으며 말했습니다.

"우리 다음 시간 시작할 때까지 재밌는 놀이라도 할까요?"

"무슨 놀이?"

용진이가 시비조로 물었지만 보람이는 여전히 방글거리는 모습이었습니다.

"진실 게임 어때요?"

"우우~ 반장 웬일이냐?"

반 아이들이 보람이를 놀려 댔지만 정작 보람이 본인은 진지한 태도였습니다. 그러자 아이들이 물었습니다.

"무슨 진실 게임?"

"다들 참가한다고 약속하면 설명해 주지. 할 사람?"

현식이가 제일 먼저 손을 들었습니다. 그러자 다른 아이들도 슬금슬금 눈치를 보더니 손을 들기 시작했습니다.

"자, 진실 게임인데 이건 보람이 버전이야. 다 따라서 하는 거지?"

"뭔지 얘기나 해 봐!"

저 뒤의 덩치 큰 남학생들이 야유를 하자 뒷짐을 지고 뭔가 골똘히 생각하던 보람이가 입을 열었습니다.

"콤플렉스 찾기 놀이야."

"콤플렉스 찾기?"

흥미가 동하는지 뒷자리에 앉아 있던 용진이의 목소리에서 가시가 사라졌습니다. 혜진이가 갸우뚱하며 손을 들어 물었습니다.

"콤플렉스가 뭐야? 뭔가 기분 나빠 하는 거 아니야?"

"간단하게 말하면 마음의 응어리 같은 거야. 예를 들어, 친한 친구는 피아노를 잘 치는데 나는 잘 못 친다고 해 봐. 그럴 때 피아노 콤플렉스가 없는 사람은 별로 신경 안 쓰겠지만, 거기에 마음의 응어리가 뭉쳐 있는 사람은 예민하게 반응할 수 있거든."

"아아……."

혜진이가 고개를 끄덕였습니다. 보람이는 싱긋 웃으며 교탁을

탁탁 내리쳤습니다.

"자기 얘기를 해도 되고 다른 사람 얘기를 해도 돼. 누구나 콤플렉스 하나씩은 다 가지고 있을 테니까. 단, 이름은 밝히지 말기. 그 콤플렉스를 가진 사람이 상처 받으면 안 되잖아."

"어떻게 하면 돼?"

"다들 공책 한 장씩 뜯어서 조금 전에 말한 콤플렉스 이야기를 쓰기 시작해. 시간은 20분 정도면 되겠지?"

"어떤 식으로 써야 돼? 예를 들어 봐."

"좋아, 내가 한 가지 예를 들어 볼게. 우리 반 어떤 남자애는 나폴레옹 콤플렉스가 있다. 키가 작아서 거기에 심한 콤플렉스를 느끼고, 무조건 다른 애들과 싸워 이겨야 성에 찬다."

"너, 너!"

그 자리에서 벌떡 일어난 용진이가 씩씩거렸습니다. 보람이는 놀라지도 않았는지 생글거리기만 합니다.

"왜?"

"내 얘기하는 거지?!"

"우리 반 어떤 남자애라고 했지 용진이라고 했냐? 그리고 네 키가 그렇게 작진 않잖아. 다른 애들이랑 싸우는 건 맞지만. 히히."

"너 죽어!"

발끈하는 용진을 현식이가 가만히 끄집어 말렸습니다. 용진이는 그냥 제자리에 다시 앉았습니다. 아무리 싸움에 자신이 있다고 해도 어릴 때부터 자신을 봐 온 현식이에게 대항하기는 싫었나 봅니다.

"자, 싸움이 날 수 있으니까 이름은 쓰지 말자. 알았지? B양은 공주 콤플렉스가 있다, 그렇게 쓰면 내가 두고두고 복수할 거야."

우여곡절 끝에 게임이 시작되었습니다. 스무 명 남짓 자릴 채우고 있는 반 학생들은 주섬주섬 종이를 꺼내어 열심히 적기 시작했습니다. 과연 무슨 이야기가 나올까요?

쥐죽은 듯 고요한 교실에 잠시 들렀던 옆반 선생님은 다들 공부하는 모습을 보고 흐뭇해 하셨습니다. 보람이는 활짝 웃으며 손으로 V자를 그려 보였습니다. 아이들도 조용하고 선생님도 흐뭇해하니 그야말로 꿩 먹고 알 먹기입니다.

"자, 20분 지났으니까 여기 상자 안에 넣어 주세요!"

아이들은 제각기 자기가 쓴 종이를 조심스럽게 접어 넣기도 했고, 대강 접어서 던져 넣기도 했습니다. 반 아이들에게서 종이를 다 걷은 보람이는 교탁 위에 상자를 내려놓았습니다.

"자, 그럼 내가 읽을까?"

"네 맘대로 해."

딱히 반대자가 없자 보람이는 상자에서 첫 종이를 꺼내었습니다.

"자, 그럼 시작한다. 내 친구 하나는 확실히 공주 콤플렉스가 있다."

첫 문장을 읽은 보람이의 눈썹 사이에 내 천(川) 자가 그려졌습니다.

"이게 누구 얘기일까~?"

보람이가 은근히 협박하는 말투로 이야기하자, 은혜가 불안한 표정으로 어물거렸습니다.

"네 얘기 아니야! 우리 언니 얘기야. 그냥 친구라고 쓴 거야."

"에헤헤, 그냥 해 본 소리야. 자, 그럼 계속 읽을 게. 왜 공주 콤플렉스가 있냐 하면 매일 아침 화장하고 옷 입는 데만 두 시간이 걸린다. 자기가 제일 예쁜 줄 안다. 또 남자들은 다 자기를 좋아하는 줄 안다. 잘못 걸린 전화는 다 자기 짝사랑하는 남자다. 꼭 재벌 왕자님 만나서 결혼할 거라고 한다."

반 아이들이 쿡쿡 웃기 시작했습니다. 보람이는 종이를 교탁 위에 내려놓았습니다.

"공주 콤플렉스 말고도 신데렐라 콤플렉스까지 있네? 언젠가 왕자님이 와서 나를 구해 줄 거라고 믿는 거."

코끝까지 내려온 안경을 밀어 올리며 보람이가 말하자 몇몇 아이들의 입에서 '아~' 하는 탄성이 흘러 나왔습니다. 사실 보람이도 지현이처럼 종희네 집에 놀러 가서 콤플렉스에 관한 이야기를 많이 나누었기 때문에 콤플렉스에 관해선 제법 알고 있었습니다.

보람인 다음 종이를 꺼내 펼쳤습니다.

"자, 다음 이야기. 친구 X는 엄마 콤플렉스가 있다. 엄마가 하는 말은 다 맞고 엄마가 세상에서 최고라고 한다. 누군가 자기 엄마에 대해 뭐라고 하면 무지하게 화를 낸다. 한번은 개네 집에 놀러 가서 엄마가 해 준 간식이 별로 맛없다고 했다가 바로 쫓겨났다. 내 생각에 아버지를 일찍 잃었기 때문에 엄마에게 아주 집착하는 것 같다."

"난 개 누군지 알지롱! 옆반 손미나야."

윤성이가 두 손으로 나팔을 만들어 크게 소리쳤습니다.

"진짜 미나한테 엄마 콤플렉스가 있어?"

보람이가 묻자 윤성이가 고개를 끄덕였습니다.

"나도 개네 엄마 뚱뚱하다고 그랬다가 손을 물렸다니까. 개도 아니고 왜 손을 물어? 별 이상한 애 다 봤어."

"야, 그런데 정확하게 콤플렉스가 뭐냐? 아까 마음의 응어리라고는 했는데, 난 아직도 정확히 뭔지 모르겠어."

용진이가 다시금 물어 왔습니다. 그러자 보람이는 기다렸다는 듯이 헛기침을 몇 번 하고 설명하기 시작했습니다.

"프로이트라는 유명한 심리학자 알지? 무의식을 주장했던 사람. 그 사람 제자 중에 융이라는 심리학자가 있어. 융은 콤플렉스를 처음 얘기했던 사람이거든. 우리가 매일매일 생각하고 경험하고 기억하는 의식이 있는데, 그 중에서 고통스럽거나 생각하기 싫은 것들은 자연스럽게 잊어버리잖아. 그런데 그것들은 완전히 없어지는 게 아니라 무의식 속에 저장이 되는 거야. 무의식은 그러니까, 떠올리기 싫은 것들을 이것저것 갖다 버리는 바다라고 생각하면 돼."

지현이의 표정이 묘해졌습니다. 무의식을 바다에 비유해서 설명하는 걸 보니 종원의 대본을 읽은 것이 분명했거든요. 그런데 지현이가 대본을 빌려 읽고 도로 종희에게 갖다 준 것은 바로 저번 주였습니다. 보람이는 어떻게 대본을 읽어 본 것일까요?

어쨌든 보람이는 계속 설명해 줍니다.

"그런데 생각해 봐. 바다에 갖다 버린 것들이 이리저리 파도에 휩쓸리다 뭉치기 시작하는 거야. 그러면서 콤플렉스가 생기는 거지. 예를 들어 한 아이가 어렸을 때 키가 작다고 놀림 받으면서 자랐다고 해 보자. 좋아하는 여자 아이 앞에서 놀림 받은 기억이나 키가 작아서 다른 아이들하고 놀지 못했던 기억들이 뭉쳐져서 하나의 응어리가 되는 거지. 그게 바로 '키 콤플렉스'야."

제 얘기를 하는 것은 아닌데도 용진이는 괜히 인상을 구기며 혹시 누가 자기를 쳐다보지는 않나 둘러봅니다. 사실 용진이는 작년까지 키가 꽤나 작았거든요.

반 아이들은 조금 지루해진 듯 웅성거리기 시작했습니다. 보람이는 다시 아이들의 주의를 환기시키기 위해 흥미로운 이야길 꺼냈습니다.

"그런 콤플렉스를 테스트하는 방법도 있어."

"테스트? 어떻게?"

"심리 테스트 같은 거야?"

반 아이들은 단번에 보람이의 말에 다시 집중했습니다. 보람이는 의기양양하게 말했습니다.

"단어 몇 개를 정해서 상대방한테 보여 주고 제일 먼저 생각나는 것을 말해 보라고 하는 거야. 그때 대답하는 내용이나 그 사람 반응을 통해서 콤플렉스를 알 수 있지. 대답하는 시간이 오래 걸리거나, 아무 생각도 안 난다고 하거나, 별 상관없는 내용을 말한다거나 하는 걸로."

"그게 어떤 건데? 자세히 말해 봐."

용진이가 재촉했습니다.

"음……. 예전에 어떤 사람한테 콤플렉스 테스트를 했는데, 그 사람한테 '죽음'이라는 단어를 말해 줬대. 근데 반응하는 데 시간이 좀 오래 걸렸대. 그리고 대답한 말도 뭐랬더라……? 어쨌든 아주 이상한 거라서 더 이야기를 해 보니까 글쎄, 아버지를 정말 미워하고 있었다는 거야. 미워하다 못해 아버지가 죽었으면 할 정도였대. 말하자면 그 사람한텐 아버지에 대한 콤플렉스가 있었던 거지."

"죽었으면 할 정도로? 그걸 자기 자신은 모르고 있었던 거야?"

"응. 그렇지만 콤플렉스가 언제나 무의식적인 건 아니야. 의식적인 것도 있긴 하지. 그런데 의식적이든 무의식적이든 그 콤플렉스가 발동하면 평소와 다른 마음 상태가 되는 건 확실해. 만약 키에 대한 콤플렉스가 없는 사람한테 '키 높이 구두 신었어?' 하고 물으면 '응, 한번 신어 봤어' 하고 아무렇지 않게 대답할 거야. 하지만 콤플렉스가 있는 사람은 '뭐! 내가 무슨 키 높이 구두를 신어! 사람을 어떻게 보는 거야!' 하고 흥분할 수도 있지."

그때였습니다. 용진이 옆에 있는 진성이가 용진이의 옆구리를 푹 찌르며 물었습니다.

"야, 너 키 높이 구두 신었지?"

"뭐야! 갑자기 뭔 헛소리야!"

뜨거운 데 손을 덴 것처럼 화들짝 놀란 용진이가 소리쳤습니다. 그러고서 방금 보람이가 했던 말이 떠올랐는지 끄응 신음 소리를 내며 두 손으로 얼굴을 가렸습니다.

"들켰대요~. 들켰대요~. 용진이는 키 콤플렉스~ 들켰대요~."

그 동안 무서운 짝꿍 용진이에게 확 죽어 지내던 진성이가 신이 나서 용진이를 놀려 댔습니다. 마침 그때 땡땡땡! 하고 쉬는 시간 종이 울렸습니다.

콤플렉스라는 용어의 여러 가지 뜻

'콤플렉스(complex)'는 원래 라틴어 'com(함께)'과 'plectere(짜기)'가 합쳐져 생긴 말로 '짜진 것,' '엉켜서 복잡한 것'을 뜻합니다. 화학에서는 이 말이 '복잡한 결합 구조의 물질'을 뜻합니다. 또 문법에서는 '둘 이상의 문장이 한 문장으로 결합'된 것을, 수학에서는 실수와 허수가 결합된 '복소수'를 뜻합니다. 상영관이 여러 개 갖춰진 복합 영화관을 일컫는 '멀티플렉스'라는 말도 '멀티스크린 콤플렉스'가 합쳐진 말입니다.

많은 사람들이 콤플렉스의 뜻을 단순한 열등감 정도로만 알고 있습니다. 심리학에서 말하는 정신적 콤플렉스가 열등감과 많은 연관이 있긴 하지만 정확한 유래와 뜻은 따로 있습니다.

1895년 J.브로이어라는 학자가 쓴 《히스테리의 연구》라는 논문에서, '히스테리의 원인이 되는 무의식적 마음의 복합체'를 가리키는

개념 '콤플렉스'란 용어가 처음 등장했습니다. 여기서 프로이트는 무의식 속에 잠겨 있는 고통, 수치심, 공포감 등에 관한 복잡한 감정 응어리에 주목했습니다. 그러나 프로이트 역시 콤플렉스를 오늘날처럼 넓은 의미로 사용하진 않았습니다. 그는 성과 쾌락에 관한 특정한 콤플렉스(예컨대, 오이디푸스 콤플렉스)만을 연구했습니다. 프로이트의 제자 중 하나인 알프레드 아들러는 보다 일반적인 '열등감 콤플렉스'를 제시하여 큰 호응을 얻었는데, 여기서부터 콤플렉스란 말이 열등감과 같은 뜻으로 널리 쓰이기 시작했습니다.

융은 콤플렉스 개념을 체계적으로 완성시켜 오늘날과 같은 보편적 개념으로 인정받게 했습니다. 히스테리의 원인만이 아니고, 성과 쾌락에만 연관되지도 않으며, 우월감이나 열등감만 뜻하는 것도 아닌, 넓은 의미의 콤플렉스 개념을 정립했습니다.

융의 콤플렉스 개념

융은 모든 사람이 콤플렉스를 가지고 있다고 주장했습니다. 콤플렉스는 특정한 생각이나 감정이 억압되어 무의식 속에 자리 잡은 심리

적 매듭 뭉치입니다. 다시 말해 복잡하게 얽혀 응어리진 채 깊이 숨어 있는 속마음이라 할 수 있습니다. 이는 대부분 자아의 통제를 받지 않는 무의식 가운데 머물기 때문에 평소에는 우리가 알아차릴 수 없습니다.

콤플렉스에는 하지 말아야 하는 것과 하고 싶은 것 사이의 갈등, 죄의식, 열등감, 불안, 좌절 등 마음에 상처가 되는 부정적인 것이 많습니다. 그와 반대로 우월감이나 넘치는 자신감을 억지로 숨기려 하는 과정에서 콤플렉스가 생길 수도 있습니다.

우리는 좋지 않은 체험을 기억에서 애써 지우려고 합니다. 하지만 이는 완전히 소멸되지 않은 채 자아에 의해 억압되고, 의식에서 잊혀 무의식 영역에 저장됩니다. 무의식 영역으로 쫓겨난 감정들 중에 비슷한 것들끼리 모여 응어리가 생기는데, 이것이 바로 콤플렉스입니다.

콤플렉스는 복잡하게 얽혀 있기 때문에 외부 자극에 민감하게 반응합니다. 특정한 감정에 예민하게 반응하는 사람일수록 콤플렉스가 심하다고 할 수 있는데, 그만큼 억압된 감정 응어리가 크기 때문입니다.

콤플렉스를 정신적 장애물로 여기는 이유

콤플렉스를 정신적 장애물로 여기는 이유는, 콤플렉스가 죄의식이나 열등감 등 마음의 상처가 되는 측면을 주로 나타내기 때문만은 아닙니다. 콤플렉스가 심하면 일상생활에서 정확한 판단과 대응을 하기가 어렵습니다.

융은 무의식 상태를 헤아리기 위해 '단어 연상법'이라는 실험을 생각해 냈습니다. '단어 연상법'은 프로이트가 사용한 '자유 연상법'과 비슷해 보이지만 그 성격은 사뭇 다릅니다.

실험 과정은 다음과 같습니다. 알맞게 추려 낸 단어들을 실험 대상자들에게 하나씩 읽어 주면서 마음속에 자연스럽게 떠오르는 단어를 대답하게 합니다. 이때 실험 대상자가 자신의 콤플렉스와 관련된 단어를 들으면 대답하는 시간이 오래 걸리게 됩니다.

이를테면 어릴 적에 길을 잃어 미아가 된 경험이 있는 사람은 '집'이라는 단어를 들었을 때 가슴이 답답하고 말을 잘 잇지 못할 수도 있습니다. 무의식 속에 응어리진 내용들이 한꺼번에 떠올라 갈피를 잡기 어렵기 때문이지요. 이처럼 콤플렉스는 우리 일상생활 속에서 정상적인 의식 활동을 방해할 수가 있습니다. 그래서 사람들이 콤플렉스를 정신적 장애물로 여기는 것입니다.

콤플렉스의 종류가 다양한 이유

프로이트는 콤플렉스에 두 가지 제한을 두었습니다. 하나는 콤플렉스가 초기 아동기에 만들어진다는 점이고, 다른 하나는 콤플렉스 내용이 성적인 것에 집중된다는 점입니다.

융은 이 주장에 반대하며, 콤플렉스가 특정 시기에만 만들어지거나 특정 분야에만 집중되는 것이 아니라고 주장했습니다.

사람들은 모두 살아 온 환경도 다르고 경험하거나 체험한 내용도 다릅니다. 따라서 예민하게 반응하는 감정 또한 모두 다르고, 그에 따른 콤플렉스의 종류도 매우 다양하기 마련입니다.

콤플렉스의 인정,
더 나은 내가 되기 위한 한 방법

"고대 그리스의 데모스테네스가 뛰어난 웅변가가 될 수 있었던 것은
원래 말을 잘해서가 아니라 말더듬이 콤플렉스를 극복한 결과이다."

– 알프레드 아들러

1 콤플렉스 또한 나!

이제 저녁만 되면 현식, 상우, 지현, 종희, 보람이는 한 자리에 모여듭니다. 그리고 오늘은 보람이에 이어 또 새로운 손님을 맞았습니다. 바로 '싸움왕' 용진이랍니다. 용진이가 금요일 오후에 보람이에게 슬슬 다가와 말을 거는 걸 보며, 현식이는 용진이가 보람이에게 복수라도 하려는 줄 알고 주먹을 쥐고 기다렸다지요. 그렇지만 용진이는 사실 콤플렉스에 대해서 물어보려고 했던 거랍니다!

"나 아무래도 콤플렉스가 있는 것 같아. 그거 고치는 방법도 있냐?"

그리하여 오늘 저녁엔 여섯 명이 모였습니다. 현식이와 보람이는 찰떡처럼 붙어 있고, 그렇게 붙어 있는 둘을 보는 지현이는 빙긋이 웃고 있습니다. 언제부터인지 모르지만 종희와 상우 역시 수상하다 싶을 정도로 붙어 다니고 있습니다.

"이거 꽤 긴데?"

종원의 대본을 받아든 용진이가 눈썹을 찡그렸습니다. 그렇지만 무의식이란 말이 나오자 용진이는 평소답지 않게 학구열에 불타는 모습으로 대본을 뚫어져라 읽기 시작했습니다.

"야, 이거 신기하네. 콤플렉스가 무의식 속에 있는 거라고?"

용진이가 큰 소리로 질문했습니다. 책만 펴면 스르르 눈이 감기는 용진이인데 정말 관심이 많아졌나 봅니다.

"오오, 이거 정말 말 되네. 여기 나오는 수도자가 나랑 똑같아. 바다를 항해하며 기억을 찾아 헤매는 수도자……. 그러니까 이 수도자의 콤플렉스는 기억을 자꾸 잃어버리는 것이군. 하하. 영화 〈메멘토〉의 주인공 아니야? 이거 너희들 다 봤어? 야, 여행자는 상우 너 같다, 응? 막 이런저런 질문해 놓고 혼자 다른 생각하는 거. 그치? 아, 근데 너희들은 무슨 콤플렉스가 있어?"

"글쎄……."

속사포 같은 용진이의 말에 아이들은 잠시 멍해 있었습니다.

"흠, 내가 대강 맞춰 볼까? 보람이 너는 보나마나 공주 콤플렉스지?"

"죽을래!"

"히히히. 지현이 너는……."

"난 돌아가신 엄마한테 집착해."

지현이의 낮은 목소리에 용진이는 입을 쏙 다물었습니다.

"엄마가 2년 전에 돌아가셨거든. 아직까지도 매일 보고 싶어서 엄마 꿈도 자주 꿔. 계속 엄마 생각을 하게 돼. 공부할 때도 엄마가 생각나서 방해될 정도로."

"……."

현식이가 웬일인지 지현이의 어깨에 팔을 두르며 달래 주려고 했습니다. 그럴 때 보면 현식이는 꽤 자상한 면이 있습니다.

"나는 거기 여행자 같은 성격이 맞는 것 같아."

이야기를 다른 곳으로 돌리려는지 상우가 말했습니다.

"이상한 걸로 오래 고민하는 것도 그렇고, 그러면서도 호기심이 많아 자꾸 다른 데 한눈파는 것도 그렇고."

"사실 나도 공주 콤플렉스 있는 거 맞아."

의외로 소탈하게 보람이가 고백했습니다. 용진이는 어깨를 들썩이며 '거봐, 내 말 맞잖아', 하는 승리감으로 우쭐거렸습니다.

"아무래도 엄마한테 옮은 것 같아. 콤플렉스도 옮을 수 있는 건지 모르겠지만. 우리 엄만 젊었을 때 참 예뻤거든. 미스 코리아에도 출전했대. 그래서 누구든지 만나면 그 사람이 예쁜지 안 예쁜지 그것부터 봐. 나 칭찬할 때도 '우리 예쁜 딸'이라고 하고, 혼낼 때는 '못난이'라고 하거든. 엄마한테 그런 말을 많이 듣다 보니 나도 그런 버릇이 들었나 봐. 사람을 만나거나 물건을 고를 때도 예쁜지 안 예쁜지를 우선 보게 돼. 처음엔 나도 그걸 몰랐는데, 알고부터는 고치려고 노력중이야."

"사, 사실은 난……."

보람이의 솔직한 고백 때문인지 아까의 우쭐함이 싹 사라져 버린 용진이가 뒷머리를 긁적이며 말을 꺼냈습니다.

"사실 나도 키 때문에 콤플렉스가 있어. 어렸을 때부터 키가 작다고 자꾸 놀림 받아서 키 높이 신발도 신고 다니려고 했어. 근데 신발 가게에 가니까 내 발 사이즈는 너무 유치한 모양이더라고.

얼마나 창피하던지……. 그래서 언제 키 크나 매일매일 재 봤는데 올해에 10cm나 컸지 뭐야? 그래도 난 아직 작은 것 같아. 그래서 그런지 키 큰 놈들을 두들겨 패 주면 기분이 좋아. 내가 너무 못됐나?"

"못됐어!"

보람이가 소리쳤습니다.

"생각해 보면 키 콤플렉스 때문에 더 친구들이랑 싸우는 것 같아. 안 그랬으면 엄마 아빠한테 혼나지도 않았을 텐데."

"복싱 실력은 늘었잖아?"

보람이가 용진이를 놀려댑니다.

"이젠 친구들이랑 그만 싸워야겠어. 내 콤플렉스 때문에 괜히 다른 애들 괴롭힌 것 같아서 기분이 안 좋아."

"나도 앞으로 외모에 너무 신경 쓰지 않을래."

용진이의 어깨를 툭툭 치면서 보람이가 말했습니다.

"헤헤, 공주 안하려고?"

"나 은혜가 말하던 그 언니처럼 외모에만 너무 신경을 쓴 것 같아. 키도 더 커야 하는데 요새 다이어트까지 하고 있었거든. 예전엔 아침에 옷 고르는 데만 30분이 걸렸어. 지금은 15분 정도로 줄

었지만……. 덕분에 학교에 종종걸음으로 가지도 않아."

"저, 나는……."

말을 꺼낸 아이는 초코파이를 만지작거리던 종희였습니다.

"나는 사실 사람들 앞에서 말하려고 할 때 덜컥 겁이 나. 보람이처럼 반 아이들 앞에서 말하는 건 상상할 수도 없어. 선생님이 발표하라고만 해도 무서워지거든. 집에서 아무리 연습해도 정작 교실에 가면 머리가 하얗게 비는 거야."

상우가 고개를 갸우뚱했습니다.

"왜 무서워져?"

"몰라. 그냥 가슴이 막 조여 오면서 목소리가 안 나와."

"가족들 앞에서는 무섭지 않아?"

"응. 지금 너희들이랑 이렇게 모여 있는 데서 말하는 건 하나도 안 무서운데, 잘 모르는 사람이 몇 명만 함께 있어도 무서워. 왜 그런지 모르겠어."

"혹시, 누가 뭐라 그럴까 봐 그러는 거 아니야?"

"뭐라 그럴까 봐?"

"그러니까 너한테 바보 같다고 하든가 혼낸다든가, 그런 안 좋은 소리 할까 봐."

어느 정도 맞는 말인지 종희가 고개를 끄덕였습니다.

"그런지도 몰라. 우리 집엔 똑똑한 오빠가 둘이나 있으니까 늘 내가 바보처럼 느껴졌거든. 또 늘 가족들한테 둘러싸여 있으니 다른 사람을 만나면 어색해지나 봐. 뭐, 이유가 어쨌든 앞으로는 고치려고 생각 중이야. 너희들하고 이렇게 얘기하는 것도 좋은 연습인 것 같아."

지현이가 종희의 손을 꼭 잡아 줍니다. 부엌에서 간식을 준비하며 한쪽 귀로 아이들의 대화를 엿듣던 종원이 흐뭇한 표정으로 다가옵니다.

"기억나니? 예전에 내가 융에 대해 말했던 거. 융은 콤플렉스를 처음 말한 사람이고, 콤플렉스에 대해서는 일인자라고 할 수 있다고 했지. 지현이랑 보람이가 제일 잘 기억하려나?"

"물론이죠."

"그럼요."

지현이와 보람이는 흡족한 표정으로 대답했습니다. 종원이 계속 말했습니다.

"융은 콤플렉스가 반드시 우릴 방해하는 나쁜 것만은 아니라고 했어. 그걸 좋은 측면에서 볼 수도 있는 거지. 콤플렉스가 강하면 그만큼 많은 에너지를 한 곳에 집중할 수 있어. 그런 게 바로 정열이야. 그래서 불가능한 일을 가능하게 할 수도 있어."

"불가능을 가능하게 해요?"

"너희가 학교에서 배운 모차르트나 베토벤을 생각해 보자. 그 사람들은 자기 건강도 돌보지 않고 아름다운 음악을 만들어 내는 데에만 몰두했지. 자신의 모든 것을 음악에 바치는 이 엄청난 몰두! 융은 이것을 콤플렉스가 강해서 그렇게 된 거라고 생각했어. 하지만 우리가 콤플렉스에 눌려 버리면 안 되겠지. 우리 정신의 한 부분으로 작용해야지."

"어떻게 콤플렉스가 정신의 한 부분이 돼요? 난 온통 예쁜 것에만 신경이 쓰이는데. 그럼 난 콤플렉스에 눌린 거예요?"

보람이가 고민스런 표정으로 말했습니다.

"예를 들어 종교적인 신에 대한 콤플렉스를 가진 두 사람이 있어. 한 사람은 콤플렉스에 자기 정신을 압도당한 사람이고, 다른 사람은 콤플렉스가 정신의 한 부분으로 작용하는 사람이야. 앞의 사람은 자신을 신의 예언자나 자녀로 생각할 거야. 그래서 자기가 인류를 구원할 메시아라고 생각할지 몰라. 하지만 뒤의 사람은 신의 뜻을 받들려고 사회를 위해 봉사를 하거나 좋은 일을 할 거야.

어떤 차이인지 알겠어?"

"아하! 알겠어요."

"병적인 콤플렉스는 꼭 치료해야 하지만, 좋은 일에 열정을 쏟도록 해주는 콤플렉스는 하나쯤 있으면 좋겠지."

종원의 말에 다들 고개를 끄덕였습니다.

"에헤헤. 역시 오빠가 쓴 대본으로 연극하자고 하길 잘한 것 같아."

종희가 신나서 나서자 보람이가 얼른 맞장구를 칩니다.

"그럼 종희랑 현식이랑 지현이, 상우는 무대 데뷔하는 건가?"

"하하, 그런 셈이네."

"유치하게 키 콤플렉스를 '싸움왕' 이미지로 풀려던 용진이도 이젠 좀 상냥해질 수 있겠고 말이지."

"흐흐. 그러면 너는 하녀 역할 하나 만들어 줄까? 아얏!"

용진이가 발끈해서 받아치자 결국 보람이는 용진이를 한 대 쥐어박고 말았습니다. 그러니 누가 그렇게 보람이를 놀리라고 했나요? 하하.

하지만 모두들 조금씩 달라진 것은 확실합니다. 용진이의 어깨에는 힘이 빠졌고, 지현이는 좀 더 다른 아이들과 이야기를 많이 나누게 되었습니다. 그리고 무엇보다도 종희는 이제 진짜 연극 연습에 온 열정을 바치고 싶어 하는 눈치거든요!

자, 이제 연극 연습을 방해하던 모든 방해물이 없어졌으니 정말 열심히 연습을 해야겠는걸요? 시간이 얼마 남지 않았어요.

2 대망의 학예회

"오늘도 많은 사람들이 잔뜩 짐을 지고 망각의 바다로 모여들었습니다."

해설을 맡은 현식이가 보람이의 시선을 잔뜩 의식하며 힘이 들어간 목소리로 대사를 읊었습니다. 그 모습이 딱딱해 보였는지 여기저기서 큭큭 웃음이 터져 나왔습니다.

"거기 잔뜩 짊어진 짐은 무엇입니까?"

청년 역을 맡은 지현이가 여행자 역을 맡은 상우에게 말했습니다.

"오늘 보고 듣고 말한 것들 중 내일 다시 쓸 것을 빼고 모두 가져 왔다네. 낮에 거짓말을 하고 들었던 죄책감도 가져왔지. 날이 갈 수록 짐이 무거워지니 이거 큰일이야."

상우가 전혀 어색하지 않게 대사를 읊었습니다. 정말 무거운 짐 이라도 진 듯 자루를 들고 허리를 잔뜩 굽힌 모양새가 꽤 그럴듯 하네요.

"나이를 먹을수록 버릴 게 더 많아지는 것 같아. 그런데 이상하 기도 하지. 필요 없는 것을 버리는 것뿐인데 가끔 뭔가 텅 비어 있 다는 생각이 들거든. 중요한 것을 잃어버린 것 같은 느낌 말이야."

입 주변을 거뭇하게 칠한 상우의 분장은 진짜 수염처럼 썩 잘 어 울렸습니다. 상우는 성격답게 침착하게 연기를 했습니다.

"저도 어렸을 땐 말이죠, 이 해변에서 참 재미 있게 놀았지요. 그 런데 이젠 그러라고 해도 못할 것 같아요. 너무 나이를 먹어 버린 탓일까요?"

지현이가 목소리를 굵게 만들어 꽤 어른스럽게 대사를 읊자, 해 변에서 노는 아이 역할을 맡은 용진이가 바다 배경 그림 아래서 장난스럽게 노는 시늉을 했습니다. 그 모습이 얼마나 우스꽝스러 운지 반 아이들 전체가 폭소를 터뜨렸다죠!

이렇게 1막이 끝났고, 무대 배치를 다시 하는 1, 2분 동안 조원들은 바쁘게 움직였습니다.

　다시 한 번 힘이 잔뜩 들어간 현식이의 해설에 이어 2막이 시작되었습니다. 이번에는 수도자 역할을 맡은 종희가 배를 타고 나오네요. 종희는 보람이를 발견했습니다. 보람이는 바다를 자유자재로 헤엄치고 다니는 초능력자였지요. 맨 바닥에서 헤엄치는 흉내만 내는 것이라 그런지 팔놀림이 어색한 것이 꽤 귀엽습니다. 마치 물개가 바위 위에서 박수를 치는 모양새 같네요. 종희가 대사를 읊었습니다.

　"내가 이 망각의 바다를 항해한 지 1년이 넘었는데 당신처럼 배도 없이 헤엄쳐 다니는 사람은 처음 봅니다. 당신은 무얼 하고 있습니까?"

　종희가 묻자 보람이는 배영, 자유형을 바꿔 가며 헤엄을 치다 말고 대답했습니다.

　"나는 초능력자입니다. 무엇이든 알 수 있죠. 10년 전의 일도, 오래 전에 잠시 지나친 거리의 나무가 몇 그루였는지도, 모두 기억할 수 있답니다. 당신은 배를 타고 어디로 가는 길입니까?"

　수도자 종희는 노를 젓는 것을 멈추고 몸을 숙여 초능력자 보람

을 신기한 표정으로 바라보았습니다.

"당신은 어떻게 그 모든 것을 다 기억할 수 있습니까?"

"이 바다에 모두 있기 때문이지요."

"이 바다에?"

"당신은 어디로 가는 길입니까?"

"난 자꾸만 기억을 잃는 병에 걸려 온종일 아무 일도 할 수가 없습니다. 내가 누구와 무슨 애길 했는지, 오늘 아침엔 무얼 먹었는지, 아무리 애를 써도 시간이 지나면 기억이 나지 않습니다. 백치가 된 느낌이지요. 그래서 내 기억을 찾으러 갑니다."

"수도자여. 당신이 원하는 것, 그렇게 찾아 헤매던 모든 것은 이미 당신이 가지고 있다가 버린 것입니다. 그 모든 것이 다 여기에 있지요. 자, 내 손을 잡고 이 망각의 바다에 뛰어들어 보지 않겠어요? 두려워 할 필요는 없습니다. 당신의 그림자는 바로 이곳에 있으니까요."

바닷물에 몸을 담그고 있는 초능력자 보람이가 들어오라고 손짓을 합니다. 머뭇거리던 수도자 종희는 결국 배를 버리고 망각의 바다에 뛰어들었습니다. 그리고 둘은 손을 잡고 자유롭게 바다 속 깊은 곳으로 헤엄쳐 들어갑니다.

"끝까지 봐 주신 여러분께 감사드립니다."

한껏 들뜬 목소리의 현식이가 피날레 인사를 하자, 교실 가득히 박수 소리가 터져 나왔습니다.

곧 등장인물들이 모두 나와 손에 손을 잡고 인사를 했습니다. 교실 뒤편에서 힘껏 박수를 치는 종원이 아이들에게 윙크를 보내며 무사히 공연을 마친 것을 축하합니다. 오래 전에 내팽개쳤던 '망각의 바다' 대본이 이렇게 뜻 깊게 쓰여서 매우 흐뭇한 모양입니다. 아이들의 얼굴에도 웃음이 한 가득이었습니다.

콤플렉스와 더불어 더 나은 내가 되는 과정

우리는 학교에서 흔히 전인 교육, 자아실현 같은 훈화를 자주 듣습니다. 이는 거창하게 들리지만 사실 어렵지 않습니다. 이 책에서 살펴본 콤플렉스를 바르게 이해하고 적용한다면, 자아실현을 구체적으로 이루어나갈 수 있습니다. 콤플렉스를 연구한 심리학자들 또한 무의식을 바로 알고 균형 잡힌 자기 정체성을 찾아서 자아실현을 하는 것이 목표였습니다. 그 과정을 종합해서 정리해 보면 다음과 같습니다.

1. 콤플렉스에 관한 편견 바로잡기

콤플렉스는 복잡하게 얽혀 응어리진 채 깊이 숨어 있는 속마음입니다. 콤플렉스는 어릴 적 마음의 상처에서 비롯된 경우가 많지만, 모든 사람에게 열등감이나 약점으로 작용하는 것은 아닙니다. 누구나

한두 가지 정도 자기만의 콤플렉스를 지니고 있으며, 그것은 자신의 정체성을 드러내는 개성이라고 볼 수도 있습니다. 따라서 콤플렉스는 숨기거나 없앨 대상이 아니라 꾸준히 가꾸어 나갈 관리 대상이란 점을 명심해야 합니다.

2. 나의 콤플렉스 발견하기

나의 콤플렉스를 정확하게 찾아내는 일은 자기 정체성을 찾는 첫 단계입니다. 콤플렉스가 정신적 장애물로 생각될 수 있음을 증명하는 '단어 연상법'도, 사실은 융이 콤플렉스를 객관적으로 알아내기 위한 방법으로 만든 것입니다.(거짓말 탐지기는 이 방법을 응용한 기기입니다) 전문 상담자와 역할극을 해 보는 것도 자신의 콤플렉스를 발견하는 데 도움이 됩니다.

주의할 점은 콤플렉스가 매력적으로 느껴지는 경우가, 불쾌감을 주는 경우보다 훨씬 드물다는 것입니다. 매력적으로 느껴지는 콤플렉스는, 그것이 콤플렉스란 걸 깨닫기 전에 사로잡혀 도취되고 말기 때문입니다.

3. 있는 그대로를 인정하기

우리는 경우에 따라 자신의 콤플렉스를 발견하고도 그럴 듯한 이유를 달며 콤플렉스를 있는 그대로 인정하지 않으려 합니다. 이를테면 자신의 학력을 위조한 사람이 자신의 '학벌 콤플렉스'를 잘못된 사회적 관행과 교육 제도의 탓으로 돌리는 태도입니다. 사람들은 흔히 그럴 듯한 변명을 대며 불쾌하게 느껴지는 사실을 외면하려 합니다. 이러한 태도를 심리학에서는 '주지화'라고 합니다. 우리는 개인적인 문제를 억지로 추상화하여 자신의 실체를 감추려 하지 않도록 조심해야 합니다. 그리하여, 본질적인 진실을 외면하며 문제 해결을 뒤로 미루는 주지화의 유혹에 빠지지 않아야 할 것입니다.

4. 긍정적으로 승화시키기

스스로 깨닫고 인정한 자신의 약점은 더 이상 약점이 아닙니다. 더욱이 콤플렉스는 복잡하게 얽힌 마음이자 무의식 중에 인간 행동을 좌지우지하는 에너지의 원천으로서, 부정적 요소와 긍정적 요소를 동시에 가지고 있습니다. 따라서 콤플렉스는 자기 성장을 방해하기

도 하고 촉진하기도 합니다.

융은 콤플렉스가 뛰어난 업적을 이루는 데 꼭 필요한 영감과 충동의 뿌리가 될 수 있다고 주장했습니다. 개인 무의식과 열등 콤플렉스를 집중 연구한 아들러도, 관심과 노력에 따라 콤플렉스를 좋은 방향으로 승화시킬 수 있다고 강조했습니다.

몇 가지 역사적 참고 사례

고대 그리스의 데모스테네스는 심한 호흡 곤란증이 있었습니다. 그래서 말더듬이 콤플렉스가 있었지만, 남다른 노력으로 이를 극복하여 뛰어난 웅변가가 되었습니다. 위대한 조각가 미켈란젤로와 미국 대통령 링컨 또한 외모 콤플렉스가 있었습니다. 하지만 미켈란젤로는 예술적 능력으로, 링컨은 멋진 구레나룻으로 자신의 콤플렉스를 극복했습니다. 콤플렉스를 긍정적으로 승화시킨 역사적 인물들의 사례는 동서고금을 막론하고 수도 없이 많답니다.

에필로그

훌쩍 시간이 흘러 종희, 지현, 상우, 현식, 보람, 용진, 이렇게 여섯 아이들은 어느새 어엿한 중학생이 되었습니다. 다들 어떻게 지내고 있는지 한번 엿보러 가 볼까요?

"기호 1번 이보람을 찍어 주신다면, 반 전체를 위해 솔선수범하는 반장이 되겠습니다!"

보람이는 역시 특기를 살려 다시 반장에 도전하고 있네요. 솔선수범하겠다고 두 주먹을 불끈 쥐는 것을 보니 더 이상 예쁘게 보여야 한다는 콤플렉스는 없는 것 같습니다. 분명히 보람이는 또 반장이 되고야 말겠죠?

"지현아, 이 부분 좀 고쳐 줘. 자꾸 발음이 꼬이네."

"그래, 잠시만."

지현이와 종희는 연극부 활동에 한창이군요. 내성적이기만 했던 종희가 학예회 발표 이후 꽤나 외향적으로 변한 것 같습니다. 지현이는 열심히 대본을 고치고 있고, 종희는 발성 연습에 한창이네요.

"상우야 이 문제 좀 가르쳐 줄래?"

"어디 보자."

현식이가 수학 책을 가져와 상우에게 보여 주자 상우는 어렵지 않게 문제를 풀어냅니다. 상우의 수학 실력은 경시대회에서 이미 검증을 받았다고 하지요. 한 번 관심을 가진 건 앞뒤 안 가리고 뭐든 파고드는 것이 상우의 콤플렉스였는데, 굉장한 발전이죠?

게다가 현식이는 더 이상 공부에 대한 콤플렉스가 없습니다. 모르는 것은 물어보고, 또 노력하면 누구나 잘 할 수 있다는 것을 깨달았거든요. 상우와 현식이가 서로 도와 가며 공부한다면 언젠가는 둘 다 굉장한 실력을 갖추게 되겠죠?

"용진아, 학교 끝나고 오락실 가자."

"미안, 안 되겠다. 오늘 연습 있는 날이라서."

용진은 학교의 자랑인 복싱부 유망주입니다. 이제 더 이상 싸움도 하지 않고, 약한 아이들을 괴롭히는 일도 없다고 하네요. 용진이의 꿈은 세계 챔피언이라고 합니다.

우리 모두 콤플렉스 하나씩은 가지고 있습니다. 천재적인 예술가에겐 콤플렉스가 큰 도움이 될 수도 있지만, 보통 사람들에겐 진실을 보지 못하는 색안경이 될 수도 있습니다. 이성적인 눈으로 판단할 수 없도록 마음을 마구 흔들 수 있거든요. 콤플렉스의 검은 그림자는 자신도 모르게 다른 사람에게 피해를 줄 수도 있지요. 그래서 우리는 콤플렉스를 올바로 이해하고 극복해야 합니다.

보다 나은 사람이 되기 위해 마음 깊은 곳으로 여행을 떠났던 아이들의 이야기, 정말 재미있었죠? 여러분도 무의식의 세계로 어디 한번 빠져 들어 보시겠습니까~?

통합형 논술
활용노트

01 다음 제시문을 읽고 물음에 답하세요.

(가)

"그러니까, 여동생 대할 때랑 친구들 대할 때의 얼굴이 전혀 다르단 말이지?"

현식이가 다시금 물었습니다.

"얼굴뿐 아니라 말투며 태도 하나까지 다 다른 거지. 그런데 그게 나쁜 거야? 생각해보면 다들 그러지 않나? 동생한테 대하는 태도랑 부모님을 대하는 태도가 같다면 그게 더 이상한 거잖아. 부모님 대할 때랑 동료들 대할 때 다른 것도 마찬가지고. 모든 사람에게 똑같이만 대한다면 그게 더 큰 문제일 것 같은데."

종희가 똑 부러지게 말하자 모두 고개를 끄덕거렸습니다. 지현이가 하긴 그렇다는 표정으로 덧붙였습니다.

"맞아. 사람들은 다 각자 자기만의 가면을 가지고 있는 것 같아. 물론 그게 나쁜 건 아니지. 이 가면은 일부러 남을 속이려고 하는 게 아니라, 대하는 사람이나 상황에 따라 다르게 대처하는 것일 뿐이니까. 어떻게 보면 살아가는 데에 꼭 필요한 것일지도 몰라."

－《융이 들려주는 콤플렉스 이야기》중

(나)

김대중 대통령은 "정치는 살아 있는 생물이다"라는 말을 한 적이 있습니다. 생물이 살아가려면 때때로 카멜레온처럼 주변 환경에 따라 몸 색깔을 바꾸어야 하는 필요가 있습니다. 미물인 생물도 생존을 위해서는 별의별 짓을 다 하는데 교활하고 지능적인 인간들은 무슨 짓을 못하겠습니까? 자신의 주군이나 동료들을 하루아침에 배신하여 망나니의 칼춤 앞에서 저승길로 보낸 조선왕조의 모든 사화들을 생각해 보면 답이 보입니다.

― 2008년 3월 18일자 ㅇㅇㅇ 인터넷신문 중

1. (가)와 (나)의 내용을 비교해 보고 두 관점이 어떻게 다른지 이야기해 보세요.

02 다음 제시문을 읽고 물음에 답하세요.

(가)

"엄마…… 나, 부탁이 하나 있는데."

"부탁? 뭔데? 말해 봐."

"정말 꼭 들어줬으면 좋겠는데……."

"뭔데 이렇게 뜸을 들여?"

"나……있지……. 요즘 애들 보면 키 크는 약도 먹고 그런다잖아…….
그래서 나도 성장 호르몬 맞고 싶은데……. 안 될까?"

엄마는 그제야 놀란 듯이 나를 돌아보며 말을 이었어.

"뭐? 성장 호르몬? 영아야, 너 어디서 그런 걸 듣고……. 그건 갑자기
왜? 무슨 일 있었어?"

"아니. 그런 건 아니고……."

내가 말꼬리를 흐리자 엄마는 더 이상하다는 듯이 고개를 갸우뚱거렸어.

"글쎄, 영아야. 엄마가 좀 당황스러워서 뭐라고 말하지 못하겠다만 그건
별로 좋은 방법은 아닌 것 같다. 영아가 키가 너무 작거나 해서 고민이
라면 또 모르지만, 지금 넌 키가 작은 편도 아니고 또 앞으로 얼마든지
더 클 수 있을 텐데 갑자기 성장 호르몬이라니? 무슨 다른 이유라도 있
는 거야?"

– 《화이트헤드가 들려주는 과정 이야기》(자음과 모음) 중

(나)

기억나니? 예전에 내가 융에 대해 말했던 거. 융은 콤플렉스를 처음 말한 사람이고, 콤플렉스에 대해서는 일인자라고 할 수 있다고 했지. 지현이랑 보람이가 제일 잘 기억하려나?"

"물론이죠."

"그럼요."

지현이와 보람이는 흡족한 표정으로 대답했습니다. 종원이 계속 말했습니다.

"융은 콤플렉스가 반드시 우릴 방해하는 나쁜 것만은 아니라고 했어. 그걸 좋은 측면에서 볼 수도 있는 거지. 콤플렉스가 강하면 그만큼 많은 에너지를 한 곳에 집중할 수 있어. 그런 게 바로 정열이야. 그래서 불가능한 일을 가능하게 할 수도 있어."

"불가능을 가능하게 해요?"

"너희가 학교에서 배운 모차르트나 베토벤을 생각해 보자. 그 사람들은 자기 건강도 돌보지 않고 아름다운 음악을 만들어 내는 데에만 몰두했지. 자신의 모든 것을 음악에 바치는 이 엄청난 몰두! 융은 이것을 콤플렉스가 강해서 그렇게 된 거라고 생각했어. 하지만 우리가 콤플렉스에 눌려 버리면 안 되겠지. 우리 정신의 한 부분으로 작용해야지."

– 《융이 들려주는 콤플렉스 이야기》〈자음과 모음〉 중

1. 제시문 (가)에서 주인공이 가지고 있는 콤플렉스를 설명해 보세요. 그리고 제시문 (나)를 읽은 후 제시문 (가)에 있는 주인공에게 하고 싶은 말을 마음껏 해 보세요.

03 융에 따르면 콤플렉스는 특정 시기에만 형성되는 것이 아니며 특정 분야에만 집중되는 것도 아닙니다. 이것은 콤플렉스의 종류가 많은 이유이기도 합니다. 그런데 일반적으로 콤플렉스라고 하면, 흔히 열등감을 연상하기 쉽습니다. 다음 글을 읽고, 콤플렉스와 열등감을 동일시할 수 없는 이유를 말해 보세요.

융에 의하면 콤플렉스란 모든 사람이 저마다 가지고 있는 것으로, 특정한 종류의 생각이나 감정이 억압되어 무의식 속에 자리 잡은 복합적인 관념 덩어리(심리적 매듭 뭉치)입니다. 쉽게 표현하면 복잡하게 얽혀 응어리진 채 깊이 숨은 속마음이라 할 수 있습니다. 이는 대부분 자아의 통제를 받지 않는 무의식 가운데 머물기 때문에 평소에는 우리가 알아차릴 수 없다는 특징이 있습니다. 콤플렉스를 이루게 되는 특정한 종류의 생각이나 감정은 대부분 금지와 욕망 사이의 갈등과 죄의식, 열등감, 불안과 좌절감 등 마음의 상처가 되는 부정적인 것들이 많습니다. 하지만 사람에 따라서는 우월감이나 넘치는 자신감과 같은 반대의 생각과 감정도 드러내기 싫어하면 억압되어 콤플렉스를 이루게 됩니다.

통합형 논술
문제풀이

01 (가)는 상황에 따라 태도를 달리하는 '가면'에 대해 긍정적인 입장입니다. 언제나 똑같은 태도로 남을 대할 순 없습니다. 아빠를 대하는 태도, 동생을 대하는 태도, 선생님을 대하는 태도, 친구들을 대하는 태도 모두 달라야 하는 것처럼 말입니다. 사회생활을 하며 살기 위해선 그때그때 상황에 맞게 유연하게 대처하는 능력이 필요합니다.

하지만 (나)는 그에 대해 부정적인 입장입니다. 글쓴이는 정치 생활을 하면서 그때그때의 상황이나 대하는 사람에 따라 태도를 달리하는 것을, 자신의 뚜렷한 신념 없이 그저 이익을 따라 행동하는 것으로 보고 있습니다.

02 영아는 자기 키가 작은 것에 불만을 가지고 있습니다. 그래서 엄마에게 빨리 키를 크게 하는 성장 호르몬 약을 맞고 싶다고 합니다. 주사를 맞는 것은 아픈 일인데, 주사를 맞더라도 키가 크고 싶어 하는 영아의 마음을 생각하면 안쓰럽습니다. 하지만 키가 작다는 콤플렉스를 가지고 계속 스트레스를 받는 일은 키가 자라게 하는 데 더 나쁜 영향을 미칩니다. 지금은 키가 작지만 성장 호르몬 약이 아니라 운동과 음식으로 키를 크게 만들 수 있습니다. 그리고 키가 작더라도 그 사실을 받아들이고, 현재에 있는 모습에서 열심히 노력하는 자세가 중요합니다. 키가 작다고 해서 패션모델이 아예 되지 못하는 것은 아닙니다. 외국에는 못생겼고 키는 작지만, 작은 체구에서 뿜어져 나오는 카리스마와 분위기로 인기 있는 패션모델들이 있습니다. 영아도 비록 지금은 키가 작지만 있는 그대로의 콤플렉스를 받아들이는 것이, 자신을 더욱 발전시킬 수 있는 원동력이 된다는 긍정적인 생각을 가졌으면 좋겠습니다.

03 프로이트의 이론에 의하면 어떤 사람의 무의식은 그 사람이 과거에 개인적으로 직접 경험을 했던 사실들로만 구성됩니다. 그런데 융에 따르면 직접

경험을 한 적이 전혀 없는 사실들도 무의
식에서 발견된다는 지적을 합니다. 콤플렉
스를 반드시 열등감과 동일시할 수 없는
이유가 바로 이 점에서 비롯됩니다. 열등
감이 생기는 원인은 자신이 원하기는 하지
만 이루지 못하게 하는 금지에 부딪히거나
불안이나 좌절감을 느끼기 때문입니다. 부
정적인 마음의 상처가 큰 원인이 됩니다.
그러나 우월감이나 지나친 자신감으로 인
해 콤플렉스를 가지게 되는 경우도 있습니
다. 이는 열등감과는 전혀 반대되는 감정
으로 인해 콤플렉스가 생길 수도 있다는
것을 의미합니다.

프로이트는 콤플렉스와 관련된 두 가지 제
한을 명시했습니다. 하나는 콤플렉스 형성
시기가 아동기 초기라는 제한이고, 다른
하나는 콤플렉스 내용이 성적인 것으로 집
중된다는 제한입니다. 그러나 융은 프로이
트와 달리 콤플렉스와 관련된 두 가지 제
한에 명백히 반대했습니다. 융에 따르면
콤플렉스는 특정 시기에만 형성되는 것도
아니며 특정 분야에만 집중되는 것도 아닙
니다. 이것은 콤플렉스의 종류가 많은 이

유이기도 합니다.